Windows 11

Guida pratica alle novità del nuovo sistema operativo di Microsoft

Copyright © 2021 Riccardo Ruggiu
Tutti i diritti riservati

Circa l'autore

RICCARDO RUGGIU *è nato a Cagliari nel 1976.
Lavora nel settore della tecnologia silicon-based da oltre vent'anni, e ha maturato una solida esperienza lavorando presso le più importanti aziende IT in Italia e all'estero.*

La musica ha un grande impatto nel suo tempo libero; è un musicista esperto (pianoforte, chitarra e sintetizzatore), Dj e profondo conoscitore di apparecchiature audio domestiche e professionali.

Ringraziamenti

Un ringraziamento speciale alla mia famiglia, e agli amici, per essere sempre presenti.

Questo libro è dedicato a tutti, principianti ed esperti che vogliono scoprire le novità e ottenere il massimo dal nuovo sistema operativo di Microsoft!

R.Ruggiu

Limite di Responsabilità/Esclusione di Garanzia

L'autore non rilascia dichiarazioni o garanzie in merito all'accuratezza o completezza dei contenuti di questo lavoro e in particolare declina ogni garanzia, incluse, senza limitazione, garanzie di idoneità per uno scopo particolare. I consigli e le strategie qui contenuti potrebbero non essere adatti a ogni situazione. Se è necessaria l'assistenza professionale, è necessario cercare i servizi di una persona professionale competente. L'autore non sarà responsabile per i danni derivanti dal presente modulo.

Il fatto che in questo lavoro si faccia riferimento a un'organizzazione come citazione e/o potenziale fonte di ulteriori informazioni non significa che l'autore approvi le informazioni che l'organizzazione può fornire o le raccomandazioni che può fornire.

Windows e Windows 11 sono marchi registrati di Microsoft Corporation negli stati Uniti e/o altri paesi. Tutti gli altri marchi sono di proprietà dei rispettivi proprietari.

Prefazione

Windows 11 è l'ultimo prodotto della lunga lista di sistemi operativi Microsoft.
Anche se hai usato altre versioni di Windows, ti accorgerai che ci sono molte novità in Windows 11 a partire dall'aspetto, più fresco e moderno.
Windows è un programma imponente e probabilmente un manuale di mille o più pagine, potrebbe far scorgere solo la punta dell'iceberg.
Ma sei sicuro di voler conoscere tutto?
Naturalmente no, ma desideri conoscere ciò che è importante.
L'idea di raccontare il nuovo sistema operativo Windows 11, uscito in Italia il 5 ottobre 2021 nasce dalla curiosità di vedere il "nuovo nato" in casa Microsoft e provarlo su una vecchia macchina senza hard disk ferma a prendere polvere nella veranda di casa.
Come avrai sicuramente notato, su internet è pieno di informazioni (più o meno corrette) su Windows 11.
Tuttavia, il vantaggio di leggere questo modulo è che tutte le novità di Windows 11 che hai bisogno di imparare sono racchiuse al suo interno; dall'installazione, fino ai settaggi per la personalizzazione del PC in base alle tue preferenze, spiegato in maniera semplice ed efficace sia a principianti che ad utenti esperti.

L'unico filo conduttore del libro, è quello di illustrare come svolgere i diversi compiti nel modo più semplice e rapido possibile.

Raccomando di affrontare la lettura, in particolare per quanto riguarda la procedura di installazione, pagina dopo pagina e non procedendo a salti, per limitare al massimo la possibilità di eventuali errori.

La tua conoscenza attuale, determinerà fortemente il tuo successo, con questo e con altri libri su Windows 11.

Quando trovi argomenti nuovi, spendi del tempo per esercitarti e fare pratica su ciò che hai letto e imparato.

Non mi resta che augurarti buona lettura e buon divertimento!

Organizzazione del libro

Roma non è stata costruita in un giorno e quindi, come dicono gli inglesi: "take your time" cioè prenditi il tempo che ti serve per la lettura.

Ho cercato di esporre ogni argomento in modo chiaro e semplice per agevolare la comprensione anche di quelli più complessi, rendendo il percorso di lettura del libro simile ad una chiacchierata con un caro amico.

Il libro è diviso in cinque capitoli.

Il primo capitolo ti guida nella preparazione per l'installazione di Windows 11 su un PC non supportato (o anche su uno supportato, nel caso non ti compaiano sullo schermo avvisi di errore).

Il secondo capitolo mostra come procedere per l'installazione pulita di Windows 11 passo dopo passo.

Il terzo capitolo passa in rassegna le novità di Windows 11, attraverso esempi ed immagini.

Il quarto capitolo ti spiega il Prompt dei Comandi, perché anche in Windows 11, resta sempre uno strumento molto potente che ti aiuta a padroneggiare meglio il sistema facendoti risparmiare tempo, evitando una serie di clic interminabili attraverso l'interfaccia grafica ogni volta che devi svolgere un compito semplice.

Il quinto capitolo ti spiega la struttura del Registro di sistema, il database dei settaggi e dei dati di configurazione di Windows e ti mostra anche l'uso dell'editor del Registro di sistema.

Questo capitolo è utile per capire cosa succede sul PC quando si esegue anche una singola modifica sul sistema.

Un po' come aprire il cofano dell'auto e dare un'occhiata al motore.

...prima di iniziare il "viaggio", beviamoci una tazza di caffè!

Sommario

Capitolo I	Preparazione per l'installazione di Windows 11 su un pc non supportato	1
	Che cosa ho utilizzato...	7
	Download dell'immagine (ISO) e preparazione della chiavetta USB avviabile	10
	Settaggio del BIOS	19
Capitolo II	Clean install (installazione pulita) di Windows 11	26
	Installare i driver	42
	Installare gli aggiornamenti	44
Capitolo III	Novità e settaggi di Windows – La nuova taskbar	46
	Centro notifiche e impostazioni rapide	66

Mostra desktop	69
Altre informazioni sulla barra delle applicazioni	70
Modificare il menu di Overflow	73
Auto HDR e DirectStorage	75
Digitazione vocale	76
GIF ed Emoji	77
Interfaccia impostazioni	78
Novità circa la grafica	84
Dispositivi Bluetooth	106
Rete, Internet e Wi-Fi 6/6E	110
Impostare indirizzo IP e server DNS	114
Personalizzazione	125
Applicazioni	129
Sezione account	132
Sezione Data/ora e lingua	135
Sezione Accessibilità	136

Sezione privacy e sicurezza 137

Sezione Windows Update 140

Ripristinare un'applicazione UWP con PowerShell 145

Compressione SMB 149

Installazione di Linux WSL (Sottosistema Windows per Linux) 156

Capitolo IV   Il Prompt dei comandi 163

Usare la riga di comando: i comandi base 165

Combinazione di tasti ctrl+C per interrompere l'esecuzione di un comando / Comando cls 167

Come ripetere un comando digitato precedentemente 168

Esplorare files e directories (cartelle) 169

Comandi rapidi 173

	Utility DiskUsage	175
Capitolo V	Il registro di sistema	176
	Struttura del registro di sistema	179
	Chiavi e valori	182
	Fare il backup del registro di sistema	188

Capitolo I: Preparazione per l'installazione di Windows 11 su un PC non supportato

Prima di iniziare tutta la procedura di installazione, ti spiego come scegliere il vecchio PC su cui installare Windows 11. Pur forzando con successo l'installazione del sistema operativo, ci sono alcune premesse da fare affinchè il PC possa funzionare in maniera fluida senza farti impazzire con crash improvvisi e conseguenti riavvii della macchina e/o altri malfunzionamenti.

Di seguito la schermata blu o BSoD (Blue Screen of Death), che visualizzi quando il sistema sperimenta un errore critico, e che non vorresti mai visualizzare:

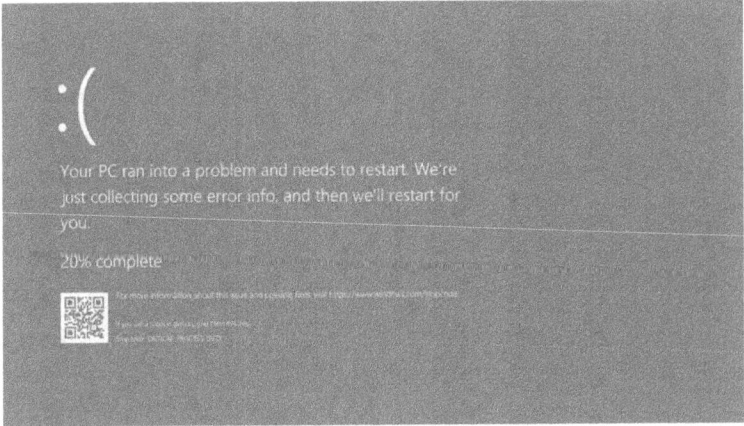

Nel mio caso, ho utilizzato un Dell Optiplex 7010 dell'aprile 2014 (che nel momento in cui scrivo il libro ha ben 7 anni!) acquistato con sistema operativo Windows 8 Professional, 64bit, processore Intel Core i3-3240 e 16GB di RAM installata, a cui ho aggiunto (poiché quello meccanico originario era stato dismesso) un hard disk a stato solido di soli 120GB tanto per procedere all'installazione del sistema operativo.

Sicuramente una macchina discreta nel 2014, e che con questa configurazione può di sicuro far "girare bene" Windows 11 anche se ufficialmente non soddisfa i requisiti di sistema di Windows 11.

La prima cosa fondamentale da verificare nel PC che vuoi utilizzare per l'installazione (anche se datato), è che sul sito del produttore sia disponibile il download dei driver per Windows 10 (come nel caso dell'Optiplex che ho utilizzato).

Poiché Windows 11 è basato fondamentalmente su Windows 10, con buona probabilità (anche a seconda del modello di PC) la maggior parte dei driver per Windows 10, funzioneranno bene anche su Windows 11.

Il driver, è il software che consente al kernel (cuore di Windows) di interfacciarsi con l'hardware del PC (scheda madre, scheda video, processore, etc.).

Nel caso la disponibilità dei driver sul sito del produttore si interrompa prima di Windows 10 ti consiglio di evitare il tentativo di installazione (o l'acquisto di un eventuale PC usato).

Se invece il PC aveva già Windows 10 installato e una buona configurazione hardware, non dovresti avere problemi.

Di seguito, a titolo informativo, i requisiti minimi per l'installazione di Windows 11:

Processore Almeno 1 gigahertz (GHz) con 2 o più core su un processore a 64 bit compatibile o System on a Chip (SoC).

RAM	4 gigabyte (GB).
Spazio di archiviazione	Dispositivo di archiviazione da da almeno 64 GB o superiore. (Hard disk oppure SSD).
Firmware del sistema	Compatibile con UEFI, avvio protetto (Secure Boot).
TPM	Trusted Platform Module (TPM) versione 2.0.
Scheda video	Compatibile con DirectX 12 o versione successiva con driver WDDM 2.0.
Schermo	Schermo ad alta definizione (720p) con una diagonale maggiore di 9 pollici, 8 bit per canale di colore.
Connessione Internet	L'accesso a Internet è necessario per tutte le versioni di Windows 11, per eseguire gli aggiornamenti, il download e l'utilizzo di alcune funzionalità.

CURIOSITA': se a titolo informativo vuoi controllare se il tuo PC supporti o meno il TPM procedi come indicato di seguito:

- Premi il tasto con il logo di Windows ⊞ + R
- Quando ti appare la finestra "Esegui", digita **tpm.msc** e clicca OK

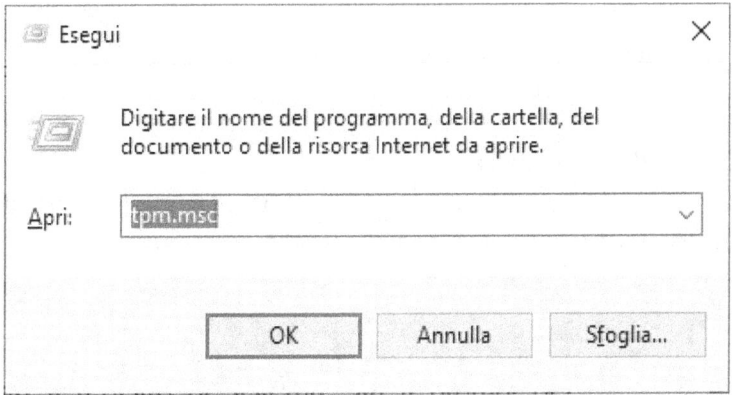

Oppure apri il prompt dei comandi, digita **tpm.msc** e premi invio sulla tastiera:

Se il PC supporta il TPM, si aprirà questa finestra:

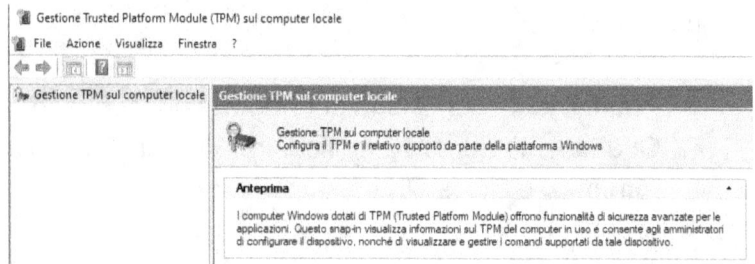

Anche se il TPM non fosse supportato, non sarà un problema, perché nelle pagine successive ti guiderò passo dopo passo a modificare il registro di sistema per bypassare questo controllo che blocca l'installazione di Windows 11.

Che cosa ho utilizzato...

Vediamo di seguito nel dettaglio, che cosa ho utilizzato per procedere all'installazione (oltre a un PC funzionante e una connessione internet per scaricare il file .ISO e i driver da installare sul vecchio pc):
- 1 vecchio pc
- 1 hard disk SSD
- 2 chiavette USB (di cui una da almeno 8GB per il file ISO di Windows 11 e l'altra per i driver del PC)
- Connessione ad internet

Se il tuo vecchio PC ha un disco meccanico, ti consiglio di acquistare un disco a stato solido perché le prestazioni cambiano notevolmente spendendo una cifra relativamente bassa (tra i 25 e i 30 euro circa per il modello che ho scelto per questo progetto).
Inoltre, come puoi vedere nelle foto di seguito, è facilissimo da installare poiché devi collegare soltanto due cavi: SATA (Serial ATA) e alimentazione.

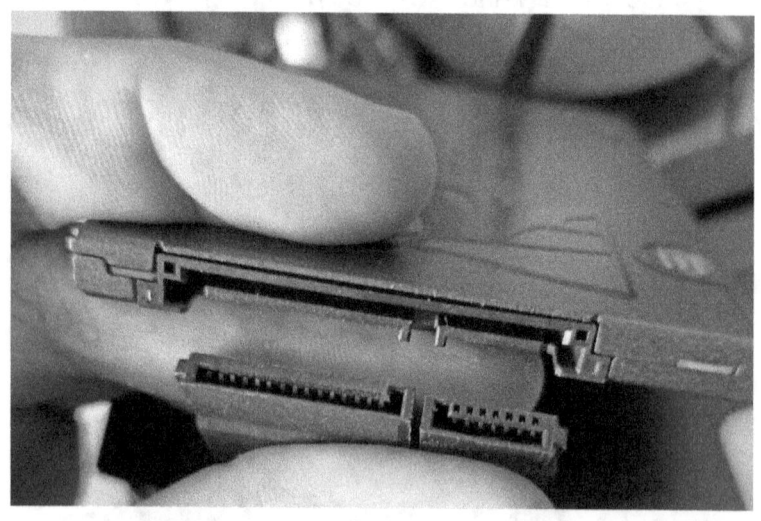

IMPORTANTE: prima di aprire il case del PC, scollega sempre il cavo di alimentazione dalla presa di corrente.

Ed ecco l'hard disk collegato:

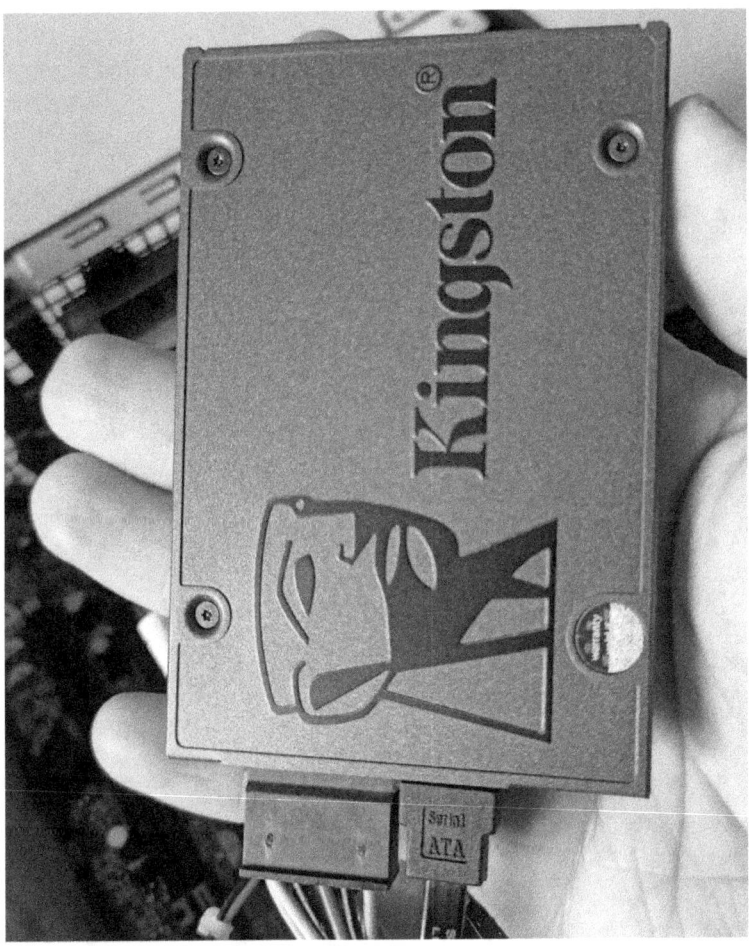

Download dell'immagine (ISO) e preparazione della chiavetta USB avviabile

Collegati sul sito Microsoft per scaricare il file .ISO che ti occorre per l'installazione di Windows 11:

https://www.microsoft.com/it-it/software-download/windows11

Seleziona Windows 11 dal menu a tendina e clicca su scarica:

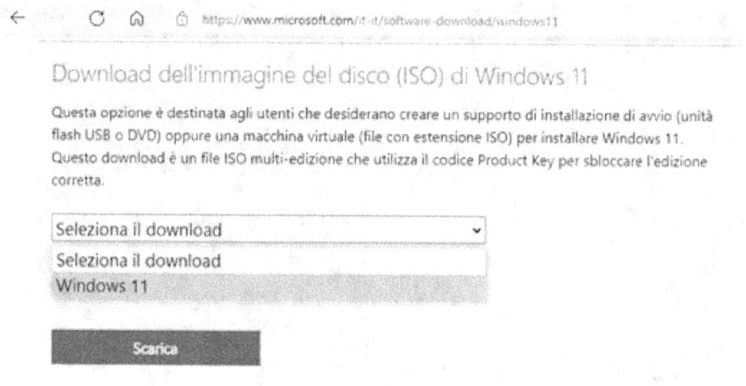

Dal menu a tendina "Scegli una lingua" seleziona Italiano e clicca conferma:

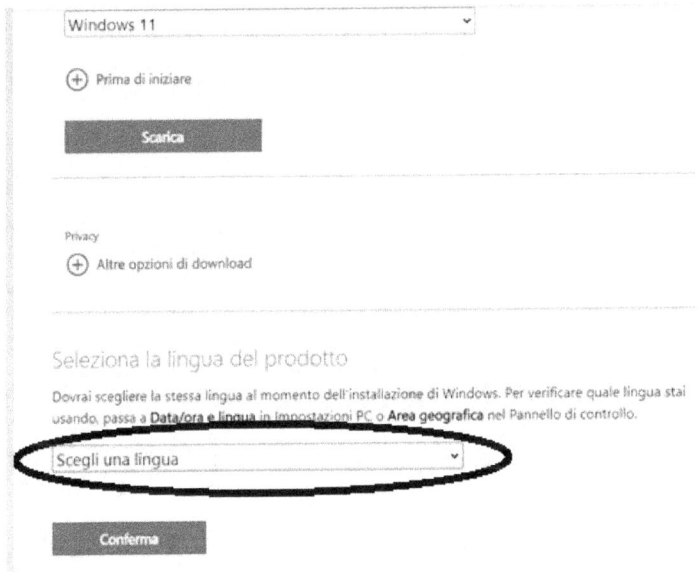

Clicca su 64-bit Download e attendi lo scaricamento del file:

Il file immagine, è poco più grande di 5GB:

Proprietà - Win11_Italian_x64.iso ✕

Generale | Sicurezza | Dettagli | Versioni precedenti

    Win11_Italian_x64.iso

Tipo di file: File immagine disco (.iso)
Apri con: Esplora risorse   [Cambia...]

Percorso: E:\
Dimensioni: **5,04 GB (5.416.755.200 byte)**
Dimensioni su disco: 5,04 GB (5.416.755.200 byte)

Data creazione: venerdì 15 ottobre 2021, 16:55:03
Ultima modifica: giovedì 14 ottobre 2021, 00:03:20
Ultimo accesso: Oggi 15 ottobre 2021, 1 minuto fa

Attributi: ☐ Sola lettura   ☐ Nascosto   [Avanzate...]
Sicurezza: Il file proviene da un altro computer. Per facilitare la protezione del computer, potrebbe essere bloccato.   ☐ Annulla blocco

[OK]   [Annulla]   [Applica]

Se sai già come preparare una chiavetta USB, puoi saltare questa parte e andare direttamente al settaggio del BIOS e/o alla sezione "clean install" per procedere direttamente con l'installazione.

Per preparare una chiavetta USB avviabile, scarica l'utility gratuita Rufus:

https://rufus.ie/it/

Clicca sul link "Rufus 3.16" per scaricare l'utility:

Clicca sul file eseguibile per avviare l'utility scaricata:

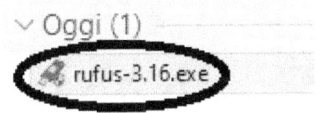

Dal menu a tendina "seleziona", naviga fino a trovare il file .ISO di Windows 11 scaricato in precedenza:

Rufus 3.16.1836

Opzioni unità

Dispositivo/unità
CCCOMA_X64FRE_IT-IT_DV9 (F:) [7.9GB]

Selezione boot
Immagine disco o ISO (seleziona)   SELEZIONA

Schema partizione   Sistema destinazione
GPT   UEFI (non CSM)

∨ Visualizza opzioni avanzate unità

Opzioni formattazione

Etichetta volume
CCCOMA_X64FRE_IT-IT_DV9

File system   Dimensione cluster
NTFS   4096 byte (predefinito)

∨ Visualizza opzioni avanzate formattazione

Stato

PRONTO

AVVIA   CHIUDI

Nessuna immagine selezionata

Dopo aver selezionato il file .ISO, clicca su avvia:

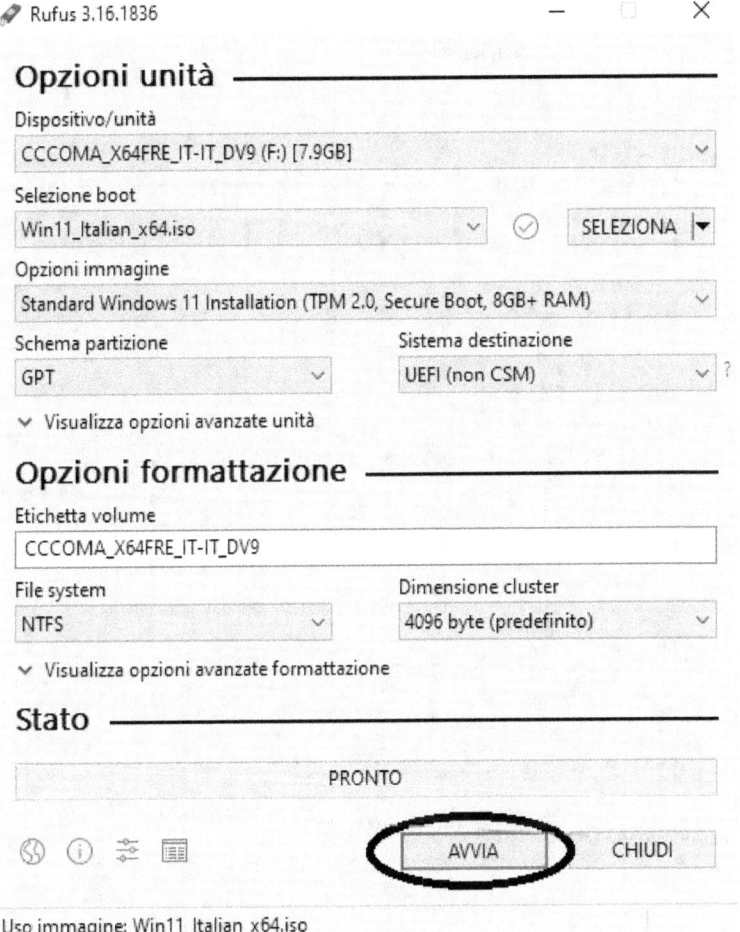

IMPORTANTE: se nella chiavetta ci sono dati, saranno cancellati. Quindi prima di procedere cliccando ok, copiali su un pc o un altro supporto.

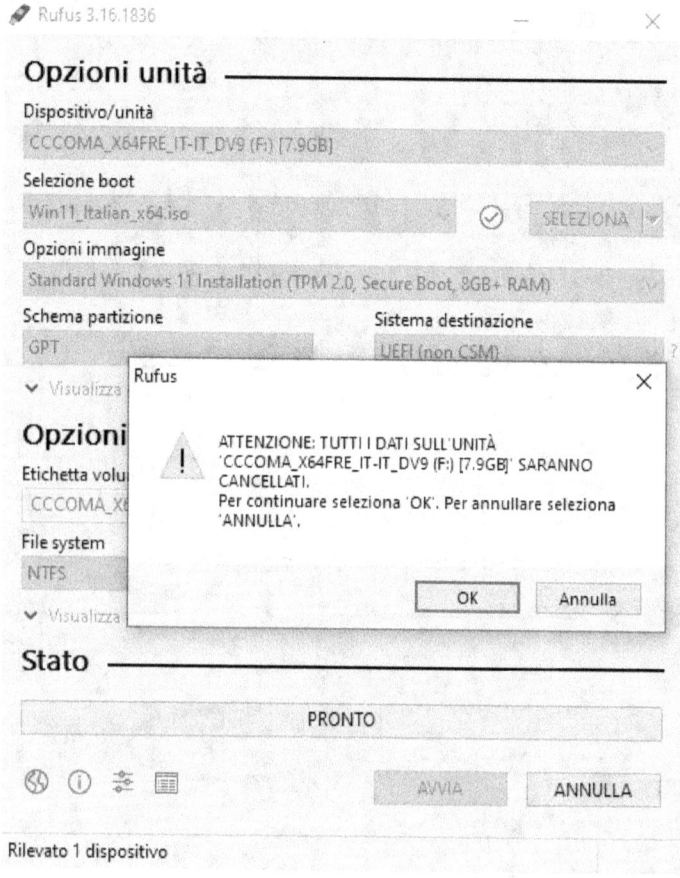

Attendi che l'utility completi la preparazione della chiavetta:

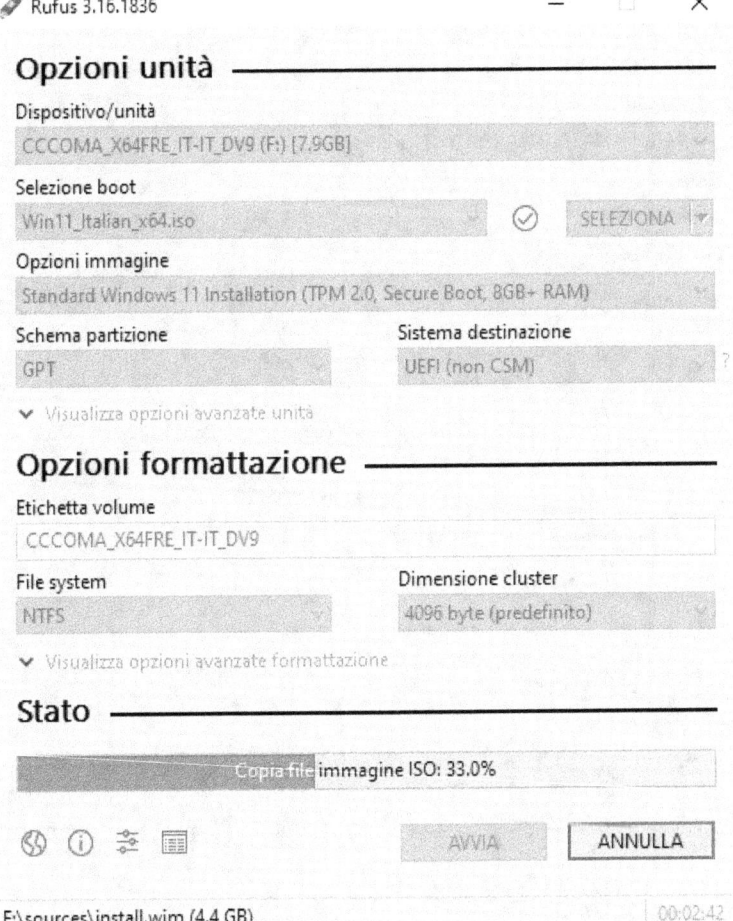

Ora la chiavetta è pronta:

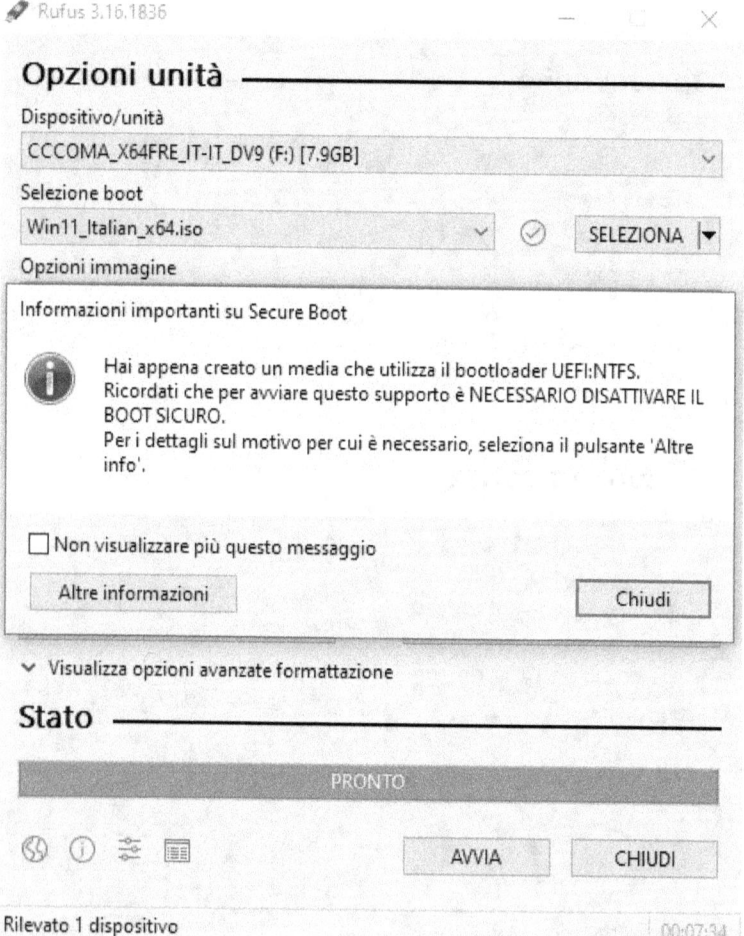

Settaggio del BIOS

Se sei un tecnico esperto, puoi saltare questa sezione e andare direttamente al "clean install" per procedere direttamente con l'installazione.

Per impostare il Boot dalla chiavetta USB cioè, fare in modo che il PC legga la chiavetta USB come prima periferica all'avvio, devi accedere al BIOS del tuo PC premendo ripetutamente un tasto (o tenendolo premuto) quando ti compare il logo del produttore sullo schermo (subito dopo aver premuto il tasto per accendere il PC) finchè non ti appare sul monitor la schermata del BIOS.

Verifica su google il tasto corretto per accedere al BIOS sul tuo PC, poiché può variare a seconda del costruttore e/o del modello (es. tasto F12, tasto F2, tasto canc, etc.).

Di seguito la schermata del BIOS dell'OptiPlex 7010:

```
Use the ↑(Up) and ↓(Down) arrow keys to move the pointer to the desired boot device.
Press [Enter] to attempt the boot or ESC to Cancel. (* = Password Required)

Boot mode is set to: UEFI; Secure Boot: OFF

LEGACY BOOT:
    KINGSTON SA400S371206
    USB Storage Device
    CD/DVD/CD-RW Drive
    Onboard NIC
UEFI BOOT:
    Windows Boot Manager
    UEFI: USB DISK 3.0 PMAP
OTHER OPTIONS:
    BIOS Setup
    Diagnostics
    Intel(R) Management Engine BIOS Extension (MEBx)
    Change Boot Mode Settings



OptiPlex 7010                    BIOS Revision A16                   Dell Inc
```

Dopo aver selezionato "Bios Setup" nella sezione "Other Options" ecco la schermata da cui si può effettuare il settaggio della sequenza di boot:

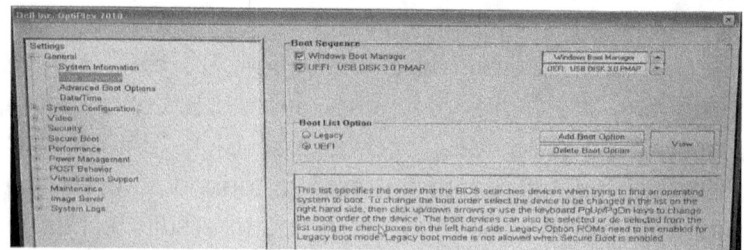

Dopo aver spostato in cima all'elenco la voce relativa alla chiavetta USB (selezionando e cliccando il tasto con la freccia su), ho cliccato su apply e poi su exit per far partire il boot del PC dalla chiavetta USB:

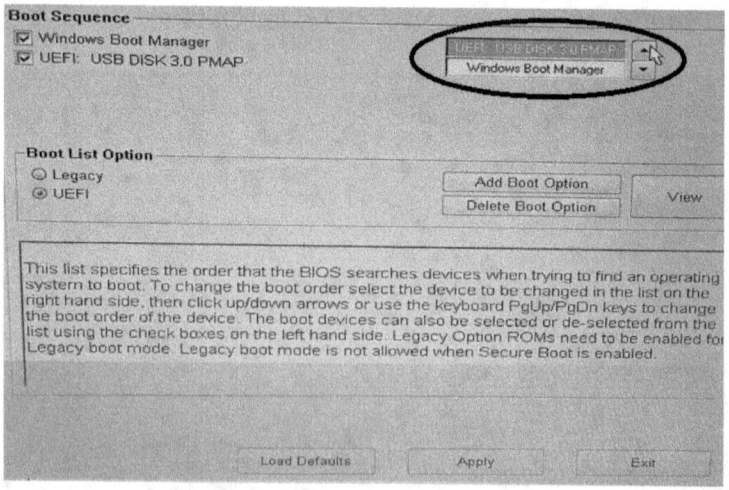

Di seguito, puoi vedere la sequenza di Boot di un altro PC (nel riquadro sotto la voce Boot Sequence) con l'elenco delle periferiche.
Ho spostato la chiavetta USB in cima all'elenco, in modo che sia letta come prima periferica all'accensione del PC.
Per spostare in cima all'elenco la periferica che ti interessa, seleziona la voce (es. USB DISK) e trascinala in cima, o spostala tramite pulsanti col simbolo della freccia su/giù.
Assicurati che la modalità del Boot sia impostata su **UEFI** (non su Legacy).

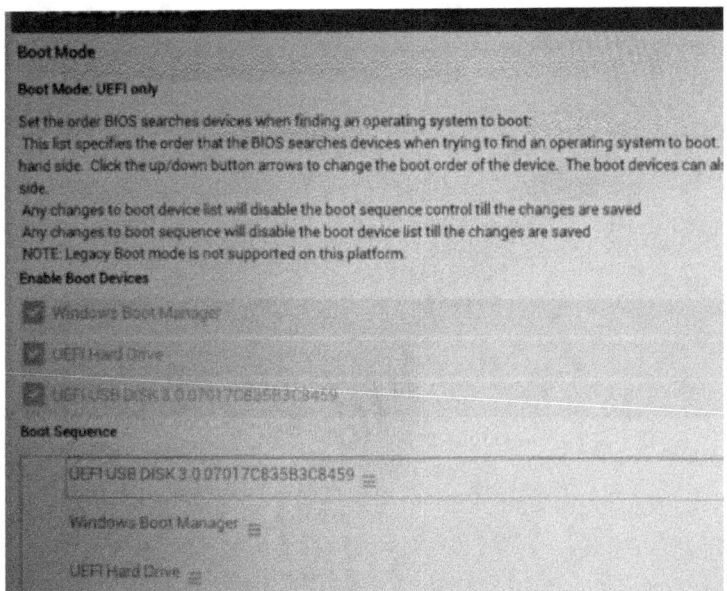

Terminate queste impostazioni, salva tutti il settaggio (di solito è presente un'opzione tipo "save/apply", salva /applica).

Come avrai sicuramente notato nel pop-up a pagina 18, Rufus richiede di disattivare il Boot sicuro per poter funzionare correttamente.
Controlla le opzioni di sicurezza (Security) nel BIOS e, se risulta abilitato (Enabled in inglese), modifica l'opzione tramite menu a tendina (o altra modalità) su disabilitato (Disabled in inglese) come nell'esempio di seguito:

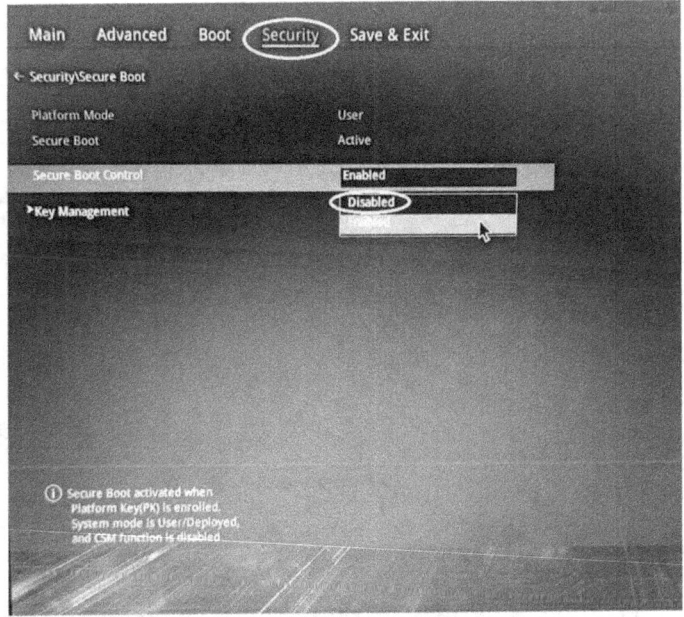

Una volta terminate queste configurazioni, clicca su salva ed esci (o "Save & Exit" nel caso sia in inglese).
Prima di procedere all'installazione, vediamo altre schermate del BIOS.

Come puoi vedere dall'immagine qui sotto, puoi "navigare" all'interno del BIOS selezionando i vari "tab" o linguette; in questo esempio ho cliccato sul tab "Startup" (cioè avvio) e poi ho selezionato in alto a sinistra su "Primary Boot Sequence" (sequenza principale di avvio) per visualizzare il sottomenu (foto nella pagina successiva):

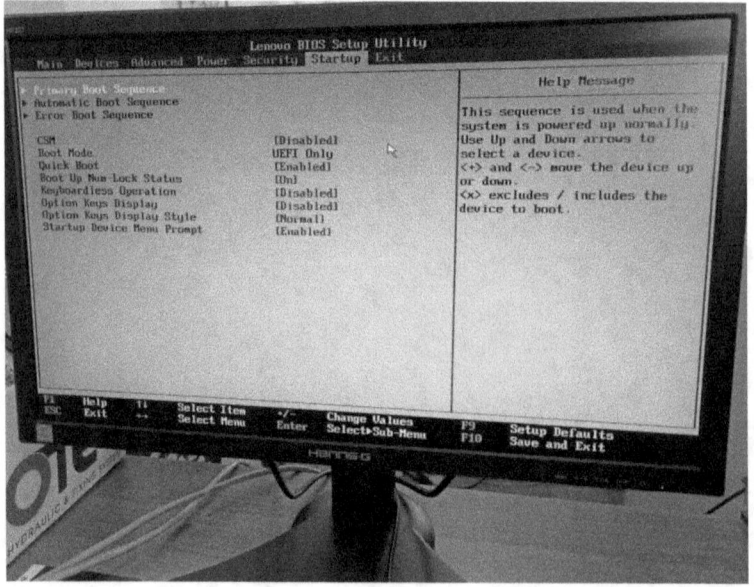

Anche in questo caso, ho spostato la voce "USB KEY" in cima alla lista delle periferiche per indicare al sistema di avviarsi utilizzando la chiavetta USB come prima periferica "da leggere" all'avvio del PC.

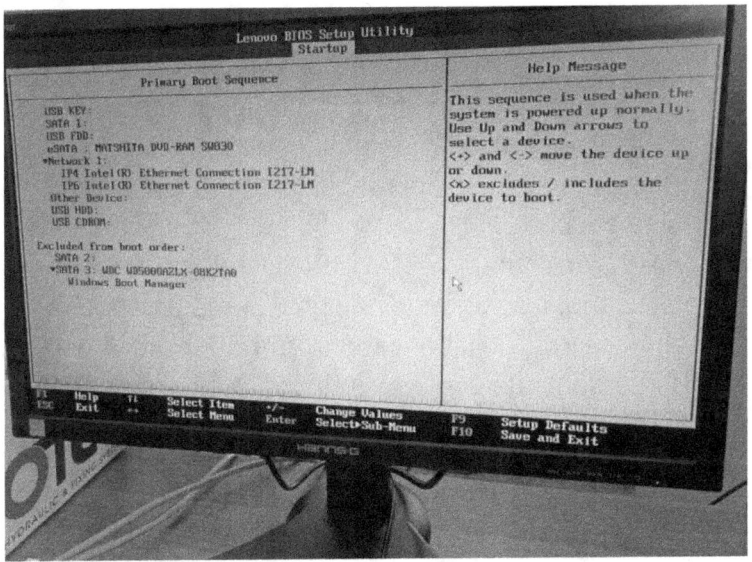

Per concludere, ho premuto il tasto F10 (Save and Exit) per salvare e far riavviare il PC.

Capitolo II: Clean install (installazione pulita) di Windows 11

Per comodità, ho formattato l'SSD (cioè ho predisposto/inizializzato l'unità disco a stato solido, in modo da renderlo fruibile per la scrittura e la lettura dei dati) prima di collegarlo sulla macchina.

Se anche tu hai già formattato l'unità, puoi saltare questa parte e andare direttamente a pagina 32 per iniziare l'installazione, altrimenti prosegui la lettura per conoscere i passi fa seguire.

Se utilizzi un nuovo SSD/HDD dovrai procedere alla formattazione; ti spiego rapidamente come proseguire.

Se hai un altro PC fisso, spegnilo; apri il case e collega l'SSD internamente come ho indicato nelle pagine 8 e 9.

Se utilizzi un PC portatile, procurati un adattatore USB - Serial ATA come quello nell'immagine di seguito:

in modo da collegare l'hard disk al portatile:

Oppure una docking station USB per HDD SATA:

Una volta collegata l'unità disco:

- Premi il tasto con il logo di Windows ⊞ + R
- Quando ti appare la finestra "Esegui", digita **diskmgmt.msc** e clicca OK

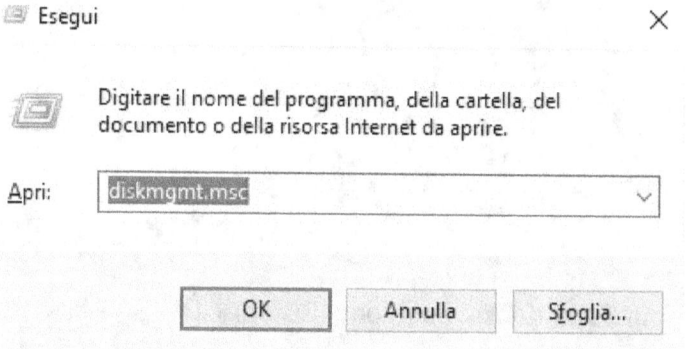

Oppure apri il prompt dei comandi, digita **diskmgmt** e premi invio sulla tastiera:

Visualizzerai la finestra Gestione disco:

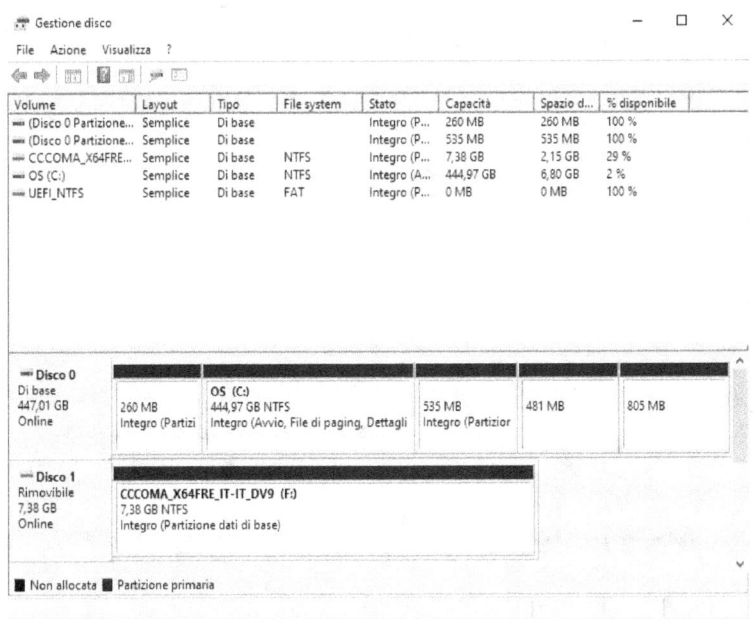

A questo punto, controlla nell' elenco in alto quale risulta il disco che hai collegato (per non sbagliare verifica la capacità e verifica che non sia inizializzato).
Controlla bene, in modo da non formattare il disco sbagliato!

Dopo esserti accertato del disco corretto da formattare, clicca sopra con il destro del mouse e poi clicca *Formatta...* nel menu contestuale:

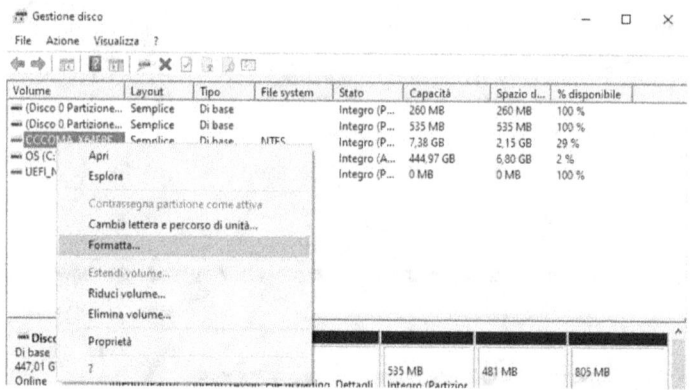

Seleziona *NTFS* nel menu a tendina e clicca OK:

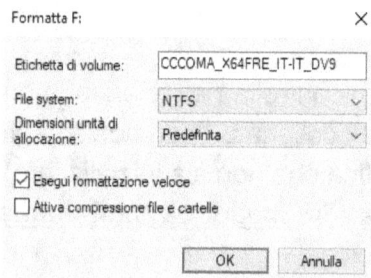

Terminata la procedura, l'hard disk sarà pronto per l'installazione.
Scollegalo dunque dal PC (portatile o fisso) a cui l'hai collegato per inizializzarlo e collegalo sul PC in cui devi installare Windows 11.
Inserisci anche la chiavetta USB con l'immagine di Windows 11, preparata in precedenza.

IMPORTANTE: Se invece stai riciclando un hard disk che era già in uso sul PC che stai preparando o su un'altra macchina, è già inizializzato e dunque non avrai bisogno di formattarlo.
Come indicato nel titolo, si tratta di un' installazione pulita e quindi i dati contenuti nell'hard disk andranno persi.
Se quindi stai riciclando un vecchio hard disk, copia gli eventuali dati che contiene su un altro hard disk o altro supporto.

Terminata la configurazione del BIOS, dopo il riavvio, vedrai scorrere sul monitor una schermata come questa:

```
[INFO]    PciRoot(0)/Pci(0x1D,0x0)/Usb(0x1,0x0)/Usb(0x2,0x0)
[INFO] Found NTFS target partition:
[INFO]    PciRoot(0)/Pci(0x1D,0x0)/Usb(0x1,0x0)/Usb(0x2,0x0)/HD(1,GPT,965908BB-BA33-4F73-B4AE-D09E8E1D3051)
[INFO] Checking if target partition needs the NTFS service
[INFO] Starting NTFS partition service:
[INFO]    EfiFs NTFS driver v1.7 (GRUB 2.0)
[INFO] Opening target NTFS partition:
[INFO]    Volume label is 'CCCOMA_X64FRE_IT-IT_DV9'
[INFO] This system uses 64-bit x86 UEFI => searching for x64 EFI bootloader
[INFO] Launching 'efi\boot\bootx64.efi'...
```

attendi fino alla schermata per l'avvio dell'installazione.

Una volta visualizzata, clicca avanti:

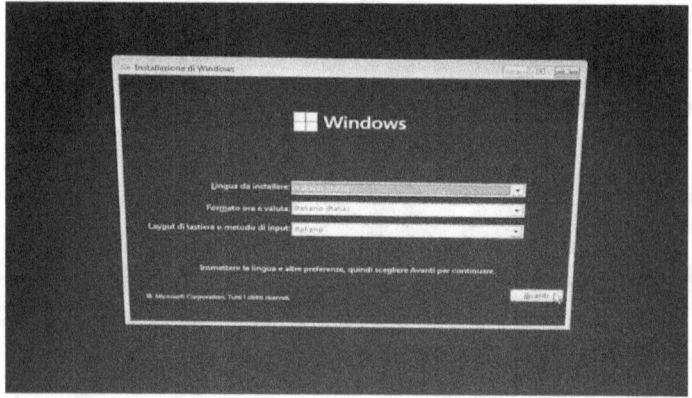

E poi su installa:

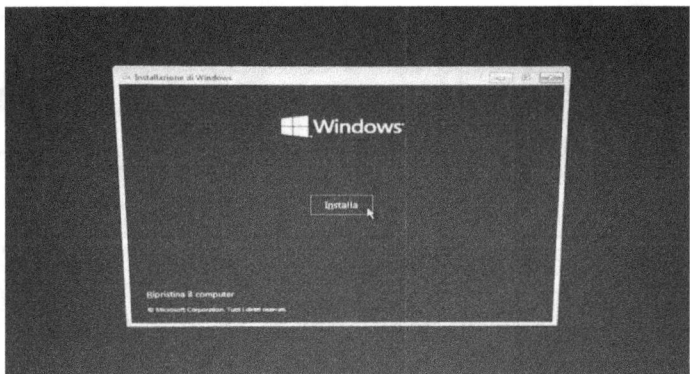

Attendi di visualizzare il messaggio: "Non è possibile eseguire Windows 11 in questo PC" e poi clicca sulla X in alto a destra per chiudere la finestra:

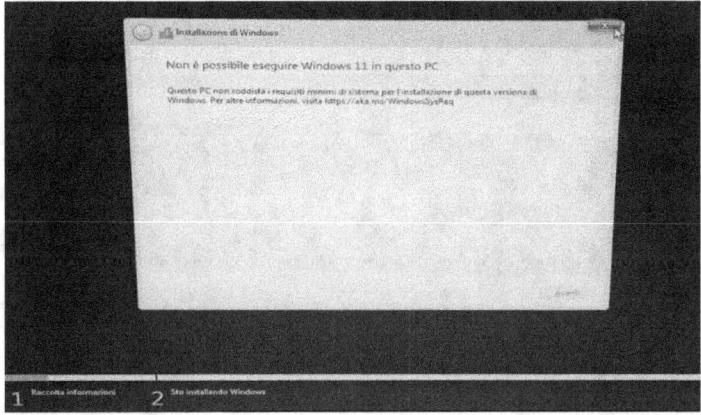

Al popup successivo, clicca si:

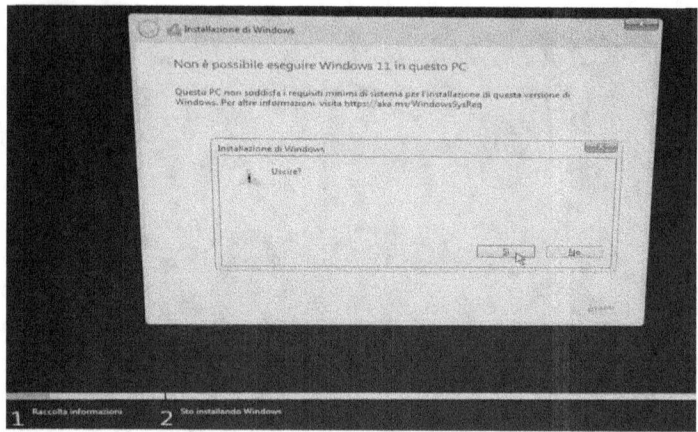

Ora apri una finestra del Prompt dei comandi, utilizzando la combinazione di tasti **Shift** + **F10**.
Poi scrivi regedit e premi invio per aprire l'Editor del Registro di sistema:

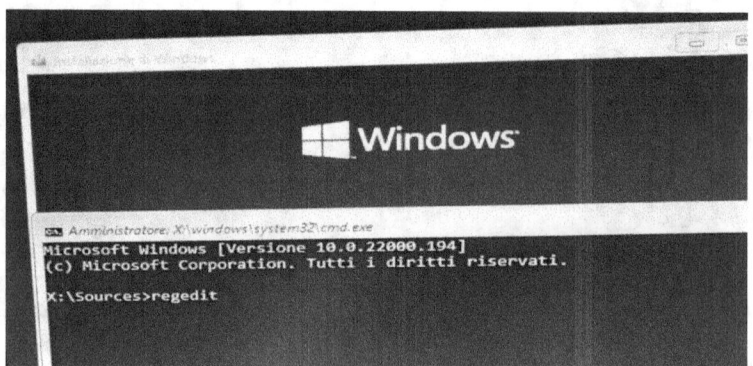

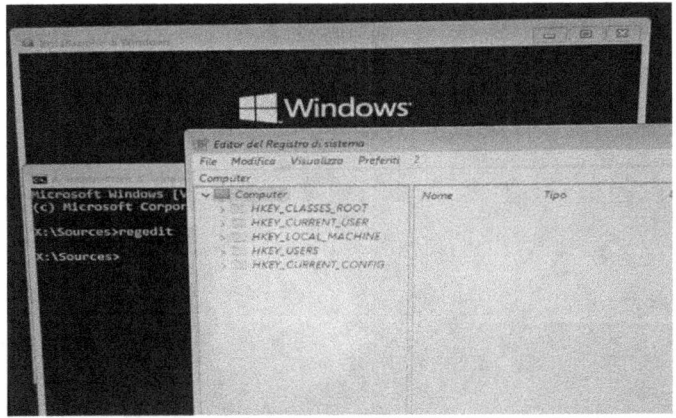

Nella colonna a sinistra, espandi il percorso seguente:

HKEY_LOCAL_MACHINE\SYSTEM\Setup

Poi clicca sulla cartella Setup col tasto destro del mouse e seleziona Nuovo>Chiave e nominala **LabConfig**

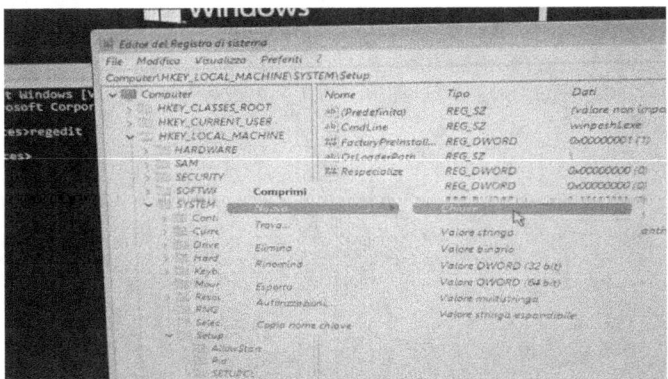

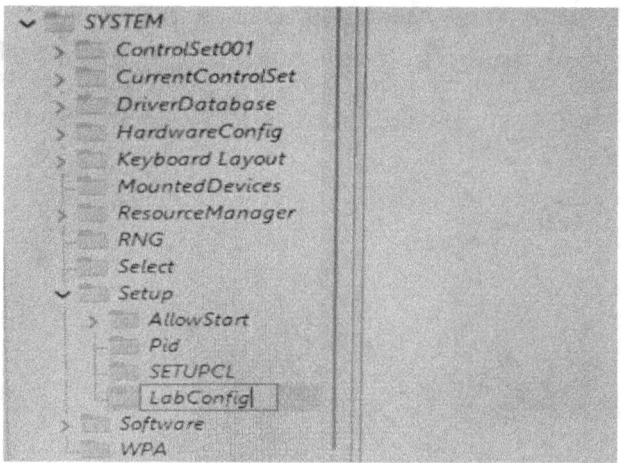

Sposta il cursore del mouse nella colonna a destra, tasto destro in una parte dello spazio bianco e clicca su Nuovo>Valore DWORD (32bit)

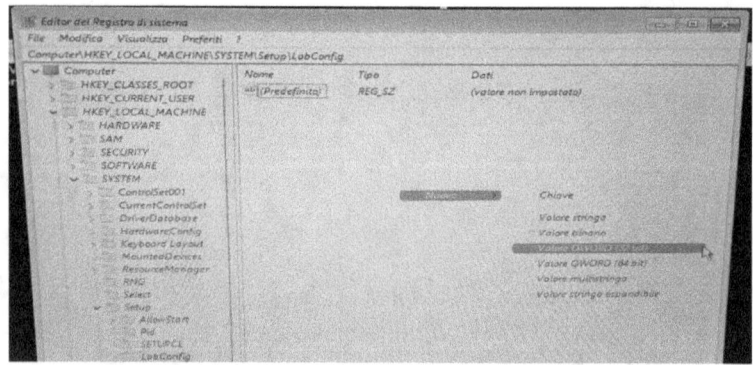

Nominalo **BypassTPMCheck**

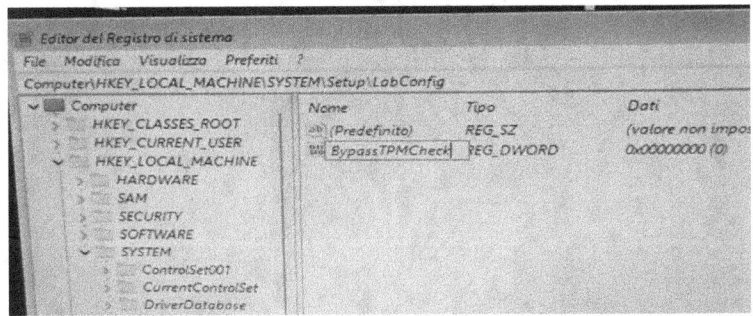

Clicca sopra col tasto desto e scegli **Modifica...**

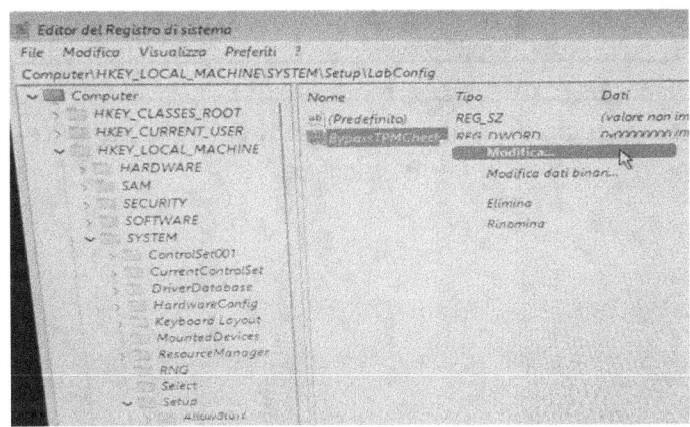

Scrivi il valore **00000001** e clicca OK.

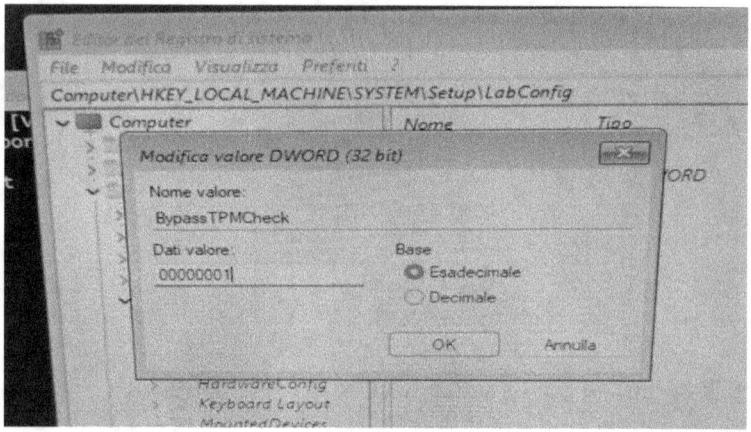

Ripeti la stessa operazione per creare un altro valore DWORD per bypassare il requisito di Windows 11 Boot Secure; nominalo **BypassSecureBootCheck**, dai anche a questo il valore **00000001** e clicca OK.

A questo punto, dovresti avere i due valori all'interno della chiave **LabConfig**:

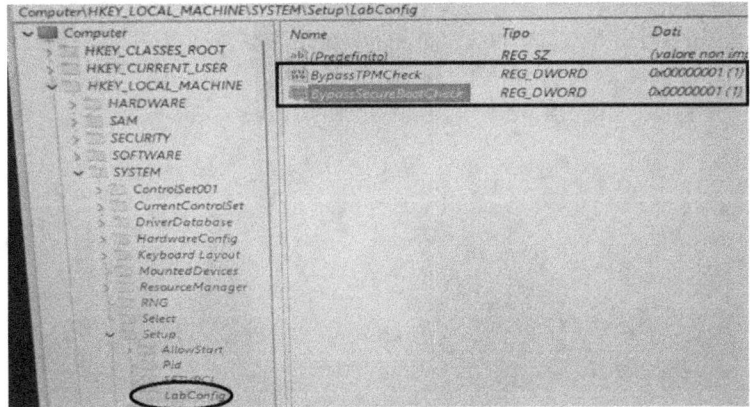

Ora chiudi sia il registro di sistema, sia il prompt dei comandi e procedi all'installazione.

IMPORTANTE: Questo workaround è stato testato con l'anteprima ufficiale, scaricabile sul sito Microsoft; potrebbe funzionare o non funzionare con le versioni successive.

Clicca su installa e segui le istruzioni sullo schermo.

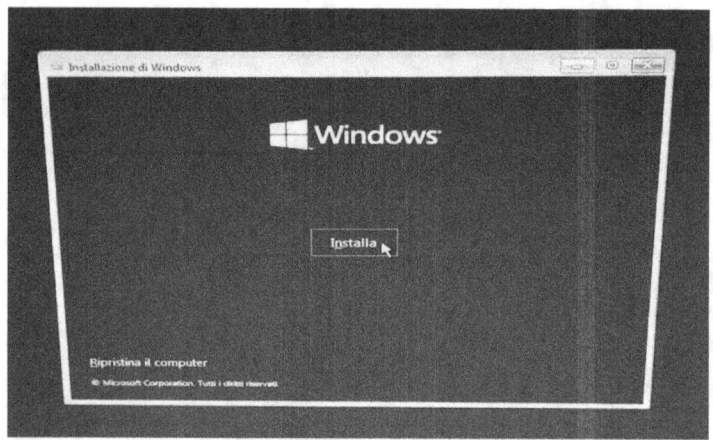

L'installazione procederà senza errori:

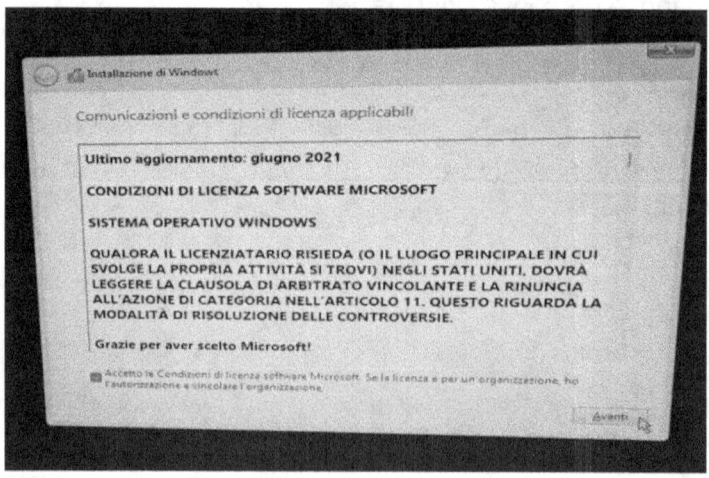

IMPORTANTE: Alcuni PC, a seconda del costruttore (mi sono capitati sia laptop che alcuni desktop), potrebbero iniziare un aggiornamento firmware una volta terminata la procedura di installazione e riavvio... per questo motivo, fai molta attenzione che non manchi la corrente (se stai usando un portatile, collega l'alimentatore alla presa di corrente) e non toccare nessun tasto (a meno che non ti compaia un messaggio sullo schermo, in cui ti viene richiesto di premere un tasto in particolare) per evitare di interrompere la procedura, danneggiando gravemente il tuo PC!

Infatti, se il processo di aggiornamento si interrompe prima che sia completato, il firmware esistente potrebbe essere sovrascritto solo parzialmente diventando dunque inutilizzabile, generando il cosiddetto "bricking" (da brick=mattone in inglese, rendendo cioè il PC inutilizzabile se non come fermacarte, o fermaporte se desktop, appunto come un mattone!).

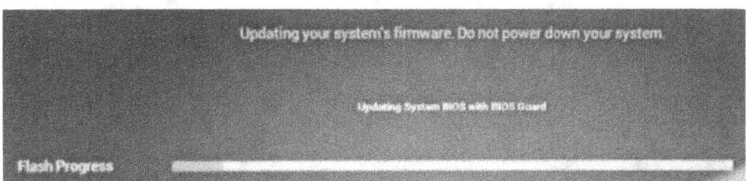

Attendi pazientemente il termine della procedura:

Installare i driver

Terminata la procedura di installazione, inserisci l'altra chiavetta USB con i driver del PC, clicca col tasto destro del mouse su start e clicca su "Gestione dispositivi":

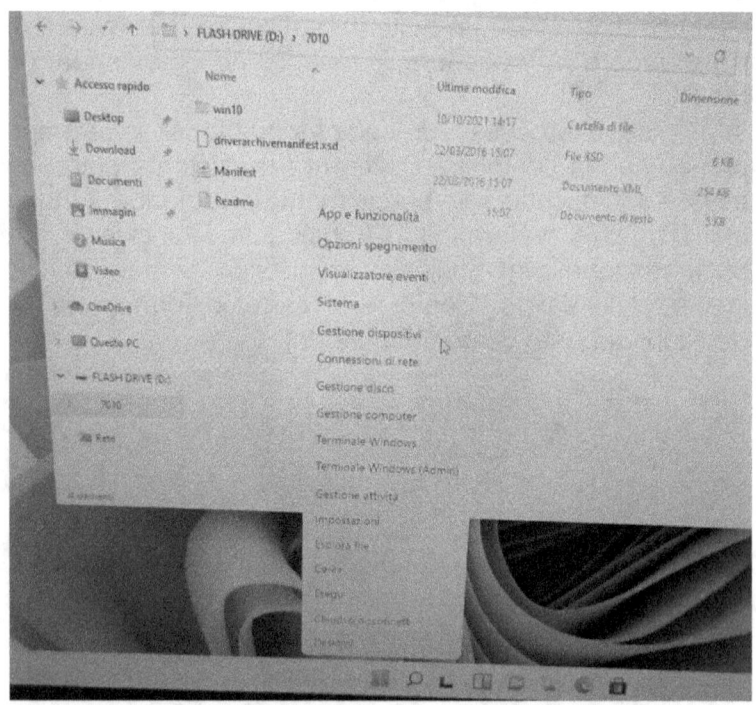

Clic destro sul nome del PC e poi clic su aggiungi driver:

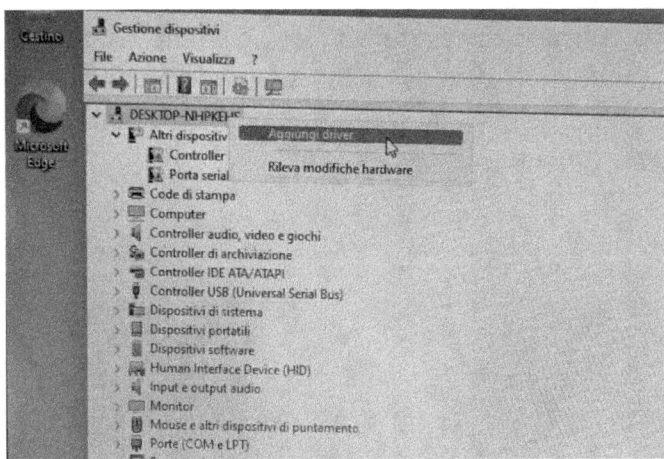

Naviga all'interno della chiavetta, seleziona la cartella che contiene i driver e clicca OK:

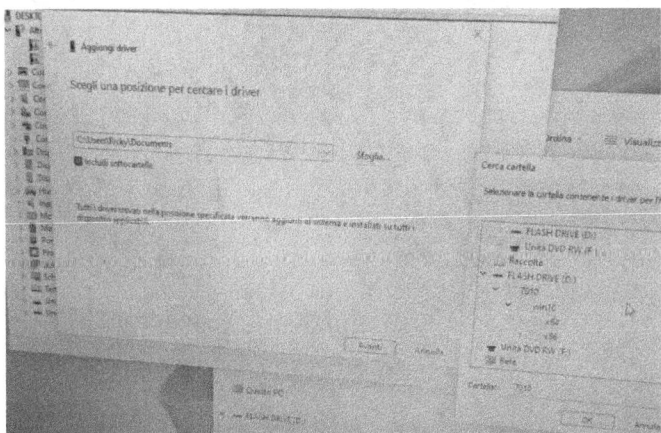

Installare gli aggiornamenti

Dopo l'installazione dei driver, è bene installare gli aggiornamenti; collega il PC al modem/router con un cavo ethernet (se non hai fretta anche tramite Wi-Fi), clicca dunque col destro su start e poi clicca su impostazioni:

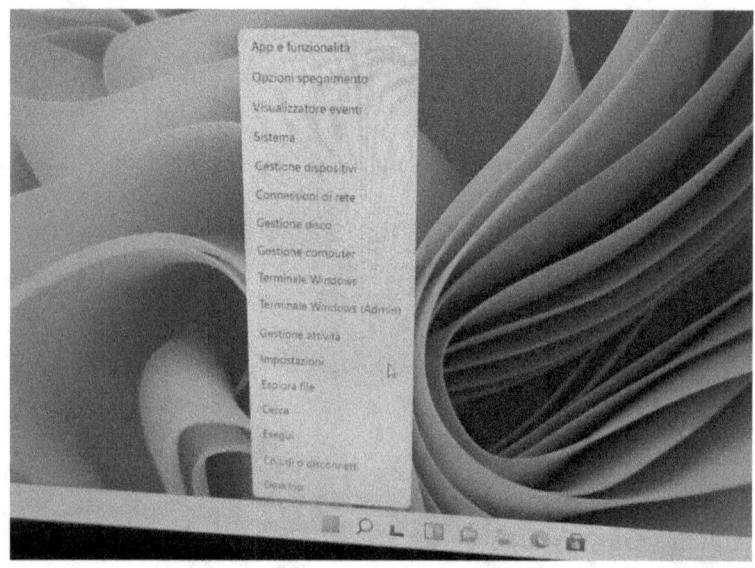

Nella colonna a sinistra, clicca l'ultima voce in basso "Windows Update" e poi clicca su "Scarica ora" in alto a destra:

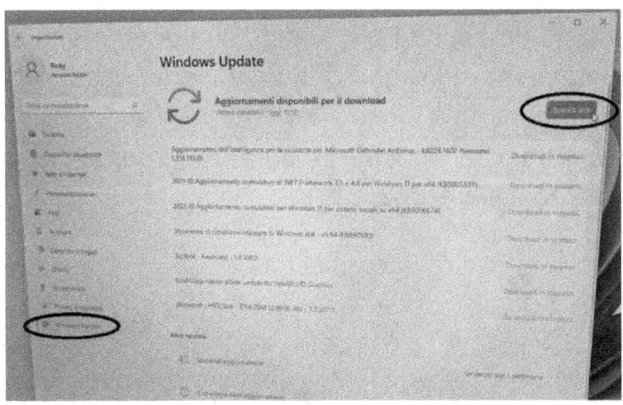

Quando il PC ha installato i primi aggiornamenti, visualizzerai la scritta "Riavvia ora" sul pulsante in alto a destra:

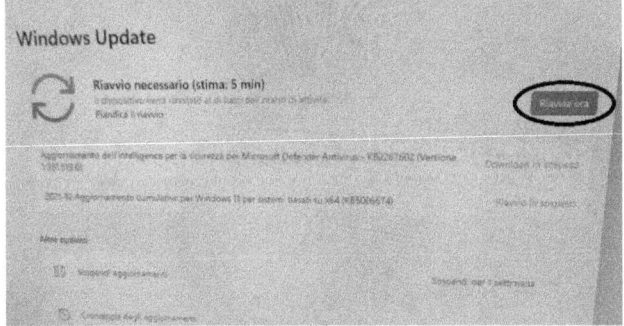

Capitolo III: Novità e settaggi di Windows 11
La nuova taskbar

Su Windows 11 sono presenti un bel po' di novità, che riguardano un aspetto più fresco, un nuovo menu di start completamente ridisegnato, nuove icone, finestre con gli angoli arrotondati e molto altro.
La nuova taskbar mostra le icone raggruppate al centro in stile Mac della Apple.

Vediamo ora le icone presenti sulla taskbar.

Cliccando sull'icona start (la prima da sinistra) puoi visualizzare il nuovo menu di start che è diviso in quattro sezioni:

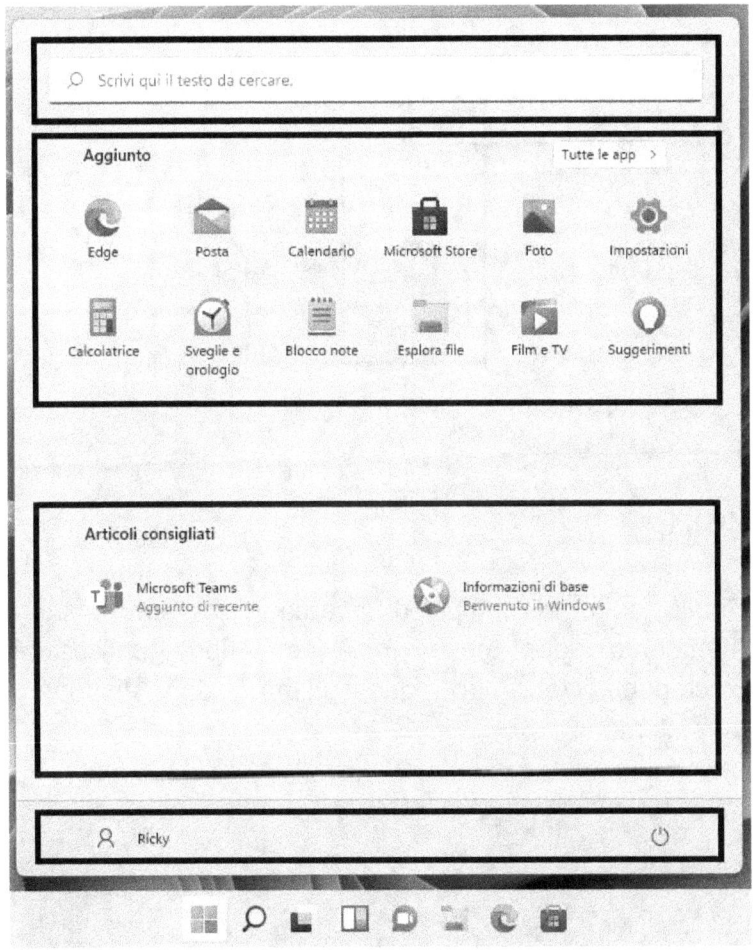

Nella prima sezione in alto, puoi digitare nel campo di ricerca il nome dell'applicazione o del file che devi cercare:

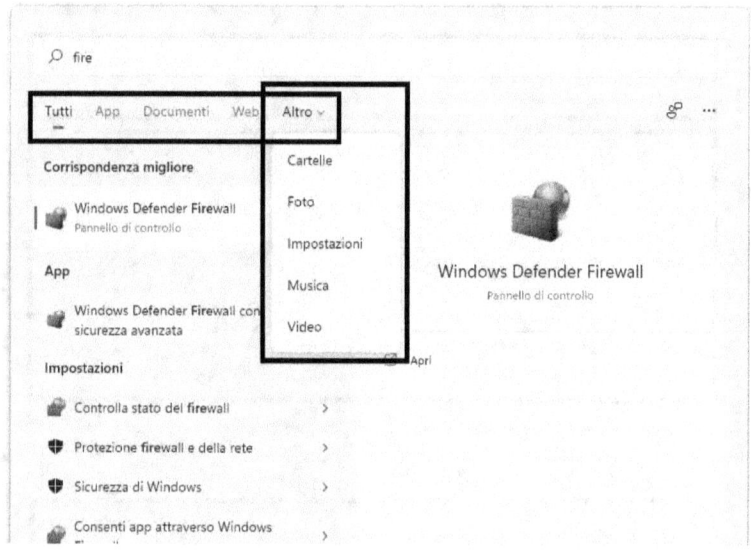

Subito sotto al campo di ricerca, puoi specificare il riferimento della tua ricerca (es. Tutti, Applicazioni, Documenti, Web, Altro – quest'ultima opzione dispone di un sottomenu).

Nella seconda sezione "Aggiunto", puoi pinnare nel menu di start le applicazioni che utilizzi più spesso ed eventualmente rimuovere o spostare quelle che non utilizzi. Cliccando col destro sull'icona che ti interessa, tramite il menu contestuale, puoi gestire la sezione a tuo piacimento:

Se hai molte applicazioni, questa sezione può avere più pagine (un po' come avviene sugli smartphone).

Cliccando il pulsante "Tutte le app":

L'interfaccia ti mostra l'elenco completo in ordine alfabetico delle applicazioni installate sul tuo PC:

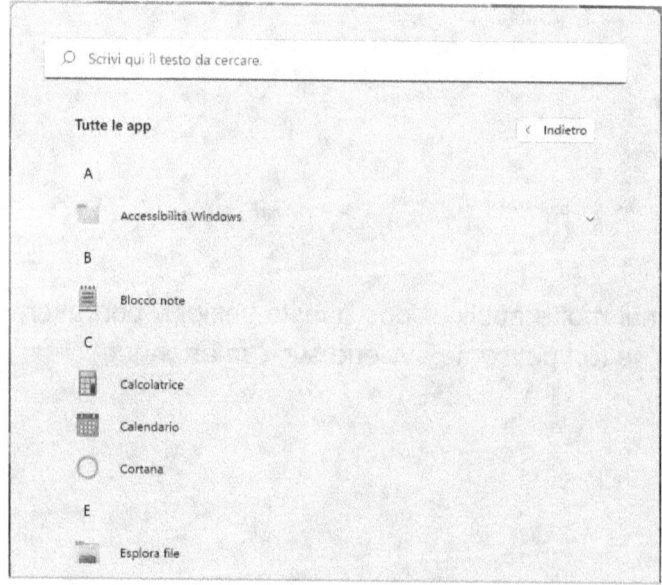

Poi c'è la terza sezione "Articoli consigliati", che svolge la funzione di promemoria mostrandoti le cose (Documenti, cartelle, applicazioni, etc.) utilizzate di recente. Col clic destro del mouse puoi ad esempio pinnare applicazioni che ti interessa avere disponibili nel menu di start:

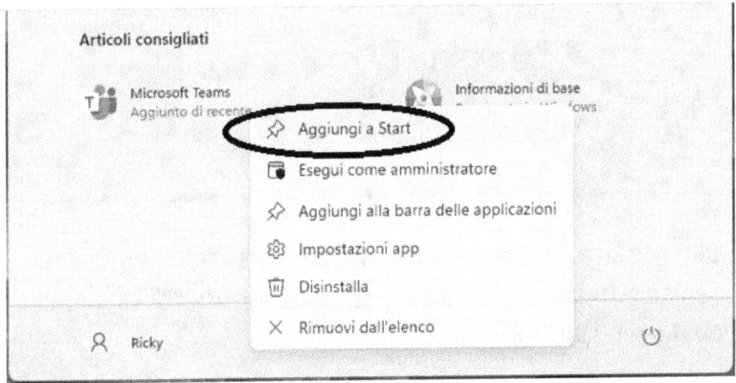

La quarta ed ultima sezione in basso, o "sezione utente", sulla sinistra mostra l'utente attualmente loggato sulla macchina, permette di modificare le impostazioni dell'account, bloccare il PC (ad esempio, quando ti allontani per un caffè), e disconnetterti se vuoi cambiare utente:

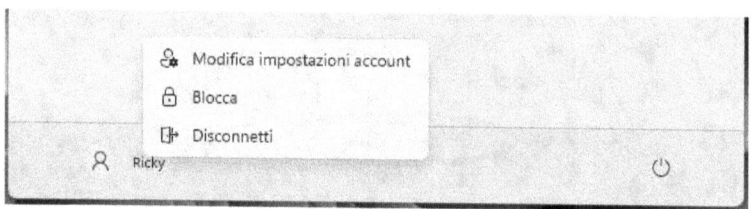

Sulla destra, puoi trovare il pulsante per terminare la sessione di lavoro/utilizzo e puoi sospendere, arrestare o riavviare il sistema:

Subito dopo l'icona di start, c'è un' icona con la lente d'ingrandimento che ti permette un accesso diretto al campo di ricerca, visto nelle pagine precedenti:

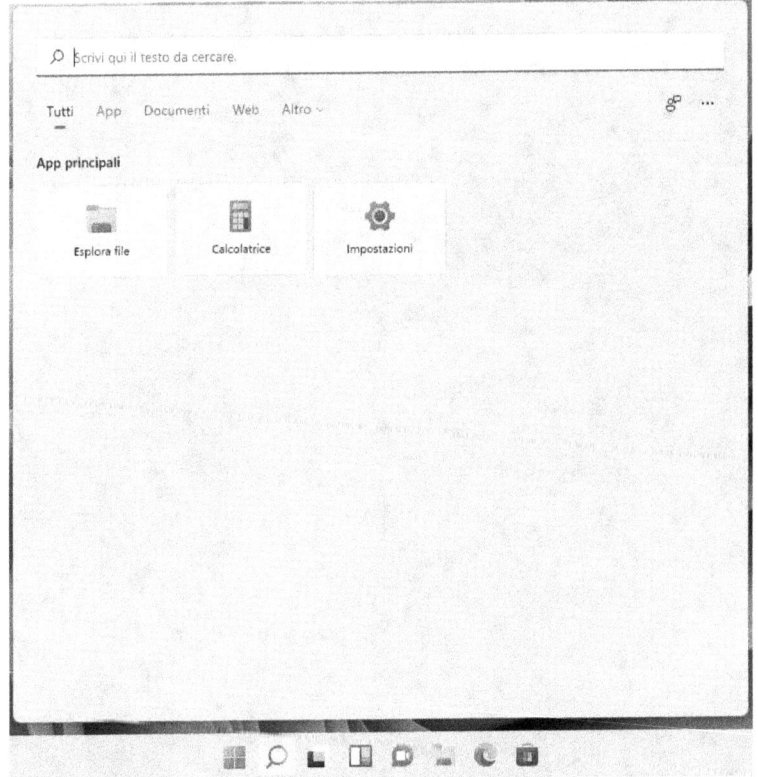

L'icona successiva della taskbar, rivela tutti i tuoi "desktop virtuali" mostrandoli affiancati in contemporanea sul desktop:

Il quarto pulsante da sinistra è il pulsante widget.
Questa è un'altra novità di Windows 11; cliccando il pulsante widget, dalla sinistra del tuo schermo scorre un'interfaccia con tutti i widget raggruppati.
Per l'utilizzo dell'interfaccia, devi loggarti con un account Microsoft (nel caso creane uno, è gratuito).
Puoi tener traccia di informazioni varie, come il meteo, lo sport, intrattenimento, etc.
Può sembrarti familiare, perché è un'evoluzione di "Notizie e interessi" di Windows 10.

- In alternativa al pulsante widget sulla taskbar, puoi utilizzare la scorciatoia da tastiera premendo il tasto con il logo di Windows ■■ + W per aprire o chiudere l'interfaccia con tutti i widget.

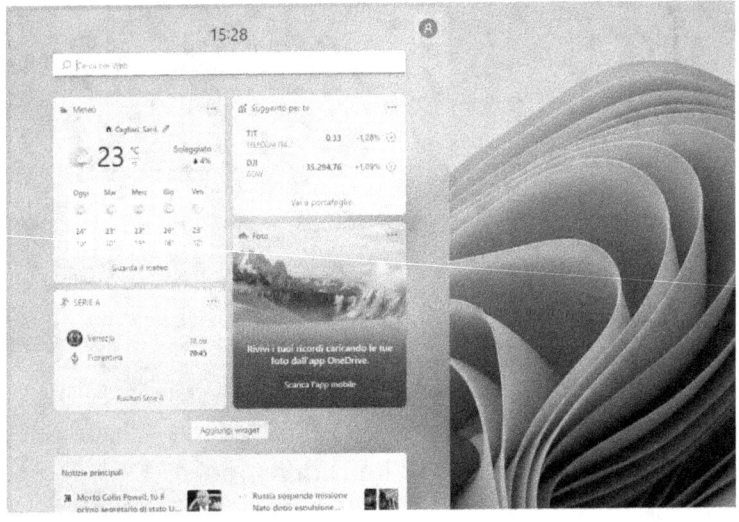

Nella parte alta puoi trovare i widget scelti da te, mentre nella parte bassa trovi i feed suggeriti per te:

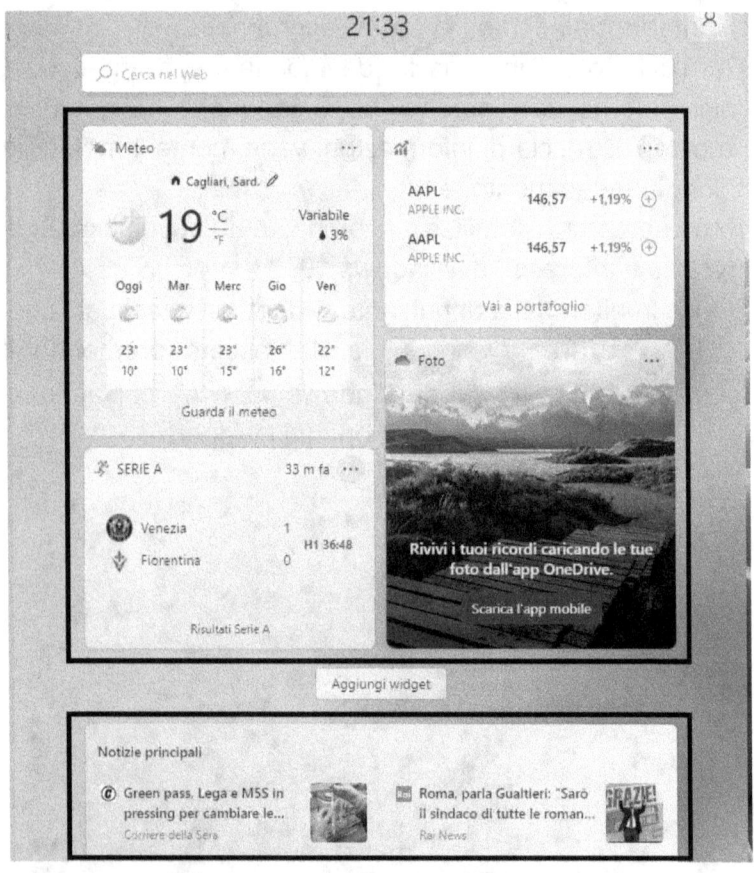

Puoi decidere di aggiungere altri widget, cliccando il pulsante "aggiungi widget" tra le due aree.

Puoi anche rimuovere i widget e modificarne le dimensioni a tuo piacimento, cliccando l'icona con tre punti nell'angolo in alto a destra all'interno del widget:

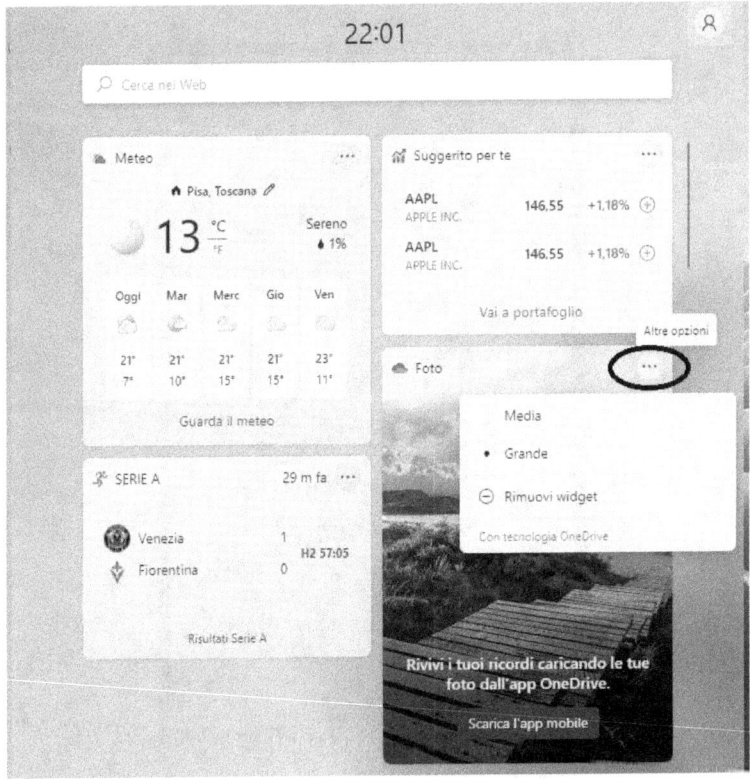

Al momento, puoi utilizzare soltanto widget prodotti da Microsoft, ma in futuro la Microsoft aprirà la possibilità a sviluppatori esterni di poter creare altri tipi di widget.

Il pulsante successivo è Teams, la piattaforma di comunicazione e collaborazione unificata di Microsoft che comprende chat, teleconferenza, condivisione di contenuti e integrazione delle applicazioni:

Il sesto pulsante sulla taskbar è "esplora file" :

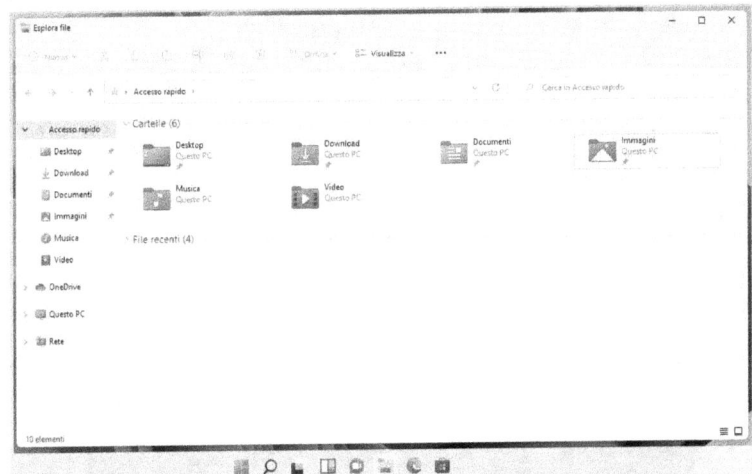

Anche questa finestra, ha un nuovo design, e nuove icone al suo interno:

C'è un nuovo menu per creare nuove cartelle, collegamenti e c'è un pulsante dedicato per creare nuove cartelle (clic su nuovo, e poi su cartella):

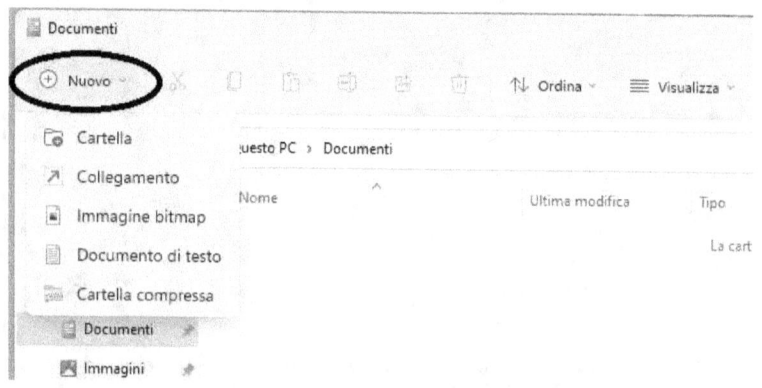

Per creare una nuova cartella, puoi anche utilizzare la scorciatoia da tastiera Ctrl + Shift + N.

Esplora file, introduce anche un nuovo menu contestuale; puoi vederlo cliccando col tasto destro del mouse su un file o una cartella.
Nella parte alta del menu, sono presenti cinque incone (taglia, copia, rinomina, condivisione, elimina):

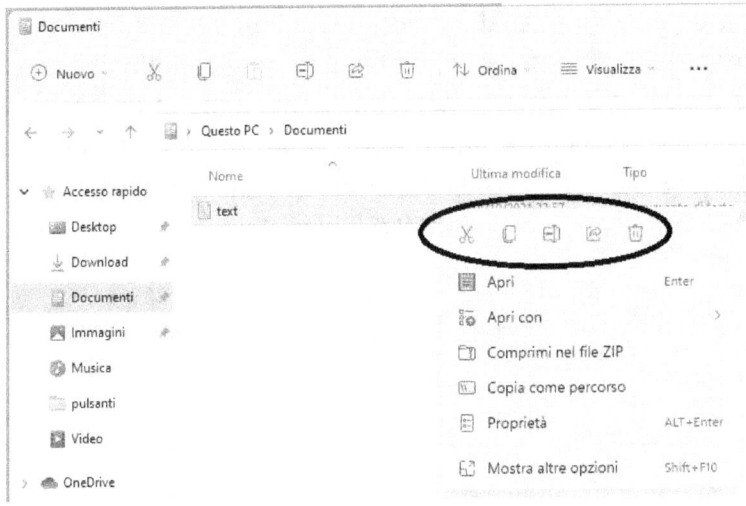

Un'altra caratteristica interessante di Windows 11, è l'opzione per ridimensionare una finestra aperta. Se posizioni il puntatore del mouse sull'icona per ridimensionare la finestra, è possibile visualizzare lo "snap layout" che propone diverse opzioni di misura da applicare alla finestra aperta; questa funzione ti consente di organizzare rapidamente lo spazio sul desktop se hai necessità di tenere più finestre aperte in contemporanea. Ad esempio, ridimensiona le finestre in modo da dividere lo schermo in due parti, oppure se hai quattro finestre aperte puoi ridimensionarle in un attimo dividendo lo schermo in quattro parti uguali:

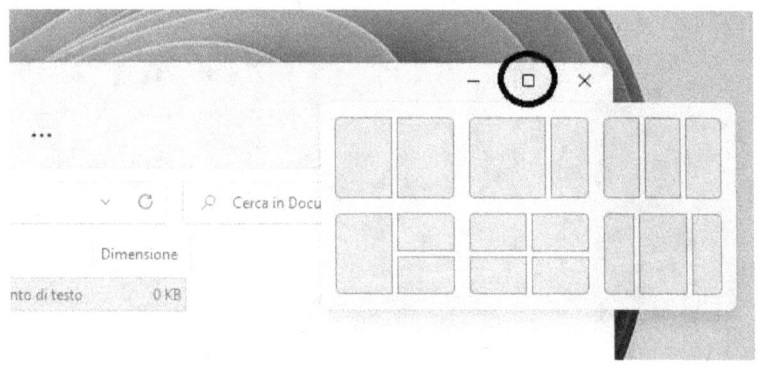

Se sposti il puntatore del mouse su una delle aree grigie, questa si colora di blu anticipandoti come sarà ridimensionata la finestra e dove sarà posizionata nello schermo:

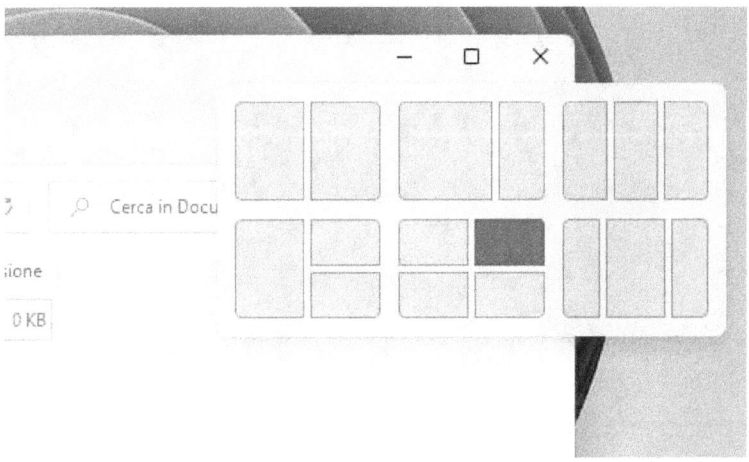

- Puoi visualizzare lo "snap layout" anche tramite scorciatoia, premendo il tasto con il logo di Windows ⊞ + Z.

Proseguendo la rassegna dei pulsanti sulla taskbar, c'è il settimo con cui puoi avviare Edge, il browser di Microsoft:

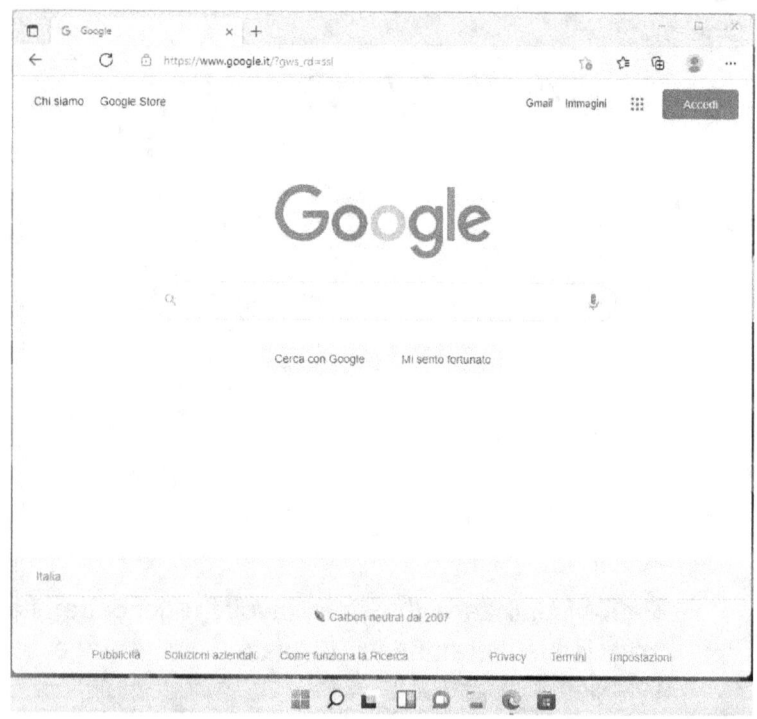

Conclude il gruppo di tasti del nuovo raggruppamento centrale, quello per accedere al Microsot store:

Puoi acquistare applicazioni, videogiochi e noleggiare/acquistare film e serie TV.

Centro notifiche e impostazioni rapide

Per accedere al centro notifiche, puoi cliccare l'icona che indica la data e l'ora (nell'angolo in basso a destra del desktop).
- Puoi anche utilizzare la scorciatoia da tastiera premendo il tasto con il logo di Windows ⊞ + N.

Per accedere alle impostazioni rapide, puoi cliccare l'icona della rete e del volume che precede quella della data e ora in basso a destra.
- Anche le impostazioni rapide sono accessibili tramite scorciatoia da tastiera premendo il tasto con il logo di Windows ⊞ + A.

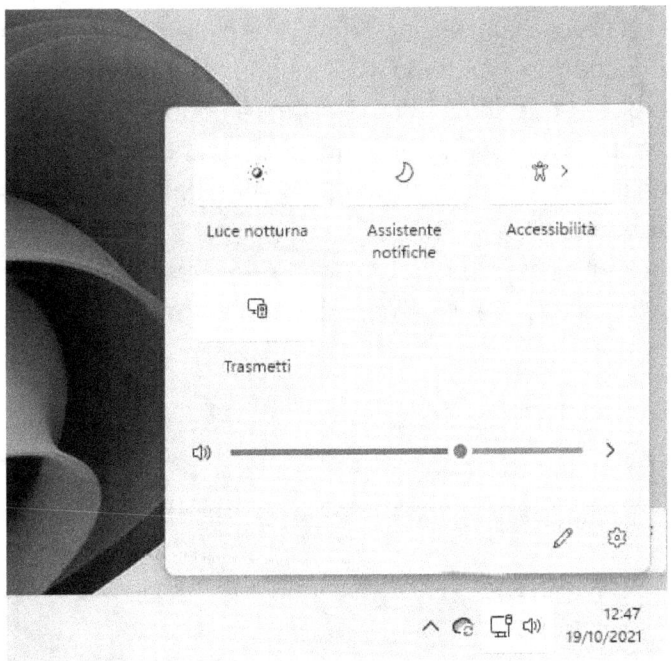

L'area delle impostazioni rapide, include tra le altre, l'impostazione del volume e della rete.

Alcune funzioni, come ad esempio la rete, possono avere un pulsante a fianco che permette di visualizzare altro (ad esempio se stai usando la rete Wi-Fi, puoi vedere l'elenco delle reti senza fili disponibili in modo da poterti connettere).

Il pulsante luce notturna, permette di attivare un'opzione che aiuta a preservare gli occhi durante la navigazione e/o l'utilizzo notturni; modifica l'intensità e la luminosità dello schermo limitando l'emissione della luce blu, che potrebbe renderti più difficile dormire dopo l'utilizzo.

Se stai utilizzando un portatile, puoi impostare la modalità aereo, la modalità hotspot e verificare l'autonomia della batteria.

Anche in questo caso, entrambe le finestre utilizzano il nuovo piacevole design con gli angoli arrotondati.

Mostra desktop

Superata l'icona della data e ora sulla destra, al termine della taskbar, è presente (come su Windows 10) la funzione mostra desktop.
Con un clic del mouse sull'ultimo tratto della taskbar, tutte le finestre aperte saranno ridotte ad icona.

Altre informazioni sulla barra delle applicazioni

Sulla taskbar è stato eliminato il menu contestuale, inoltre non c'è più la possibilità di spostare la taskbar in cima allo schermo o ai lati.
E' stata eliminata anche la possibilità di trascinare le icone delle applicazioni per poterle pinnare sulla taskbar.
Per i più nostalgici, c'è la possibilità di spostare le icone dal centro allineandole a sinistra (come nelle versioni precedenti di Windows).
Dal menu Start>Impostazioni>Personalizzazione>Barra delle applicazioni, clicca sul pannello *Comportamenti della barra della applicazioni* e seleziona l'opzione dal menu a tendina:

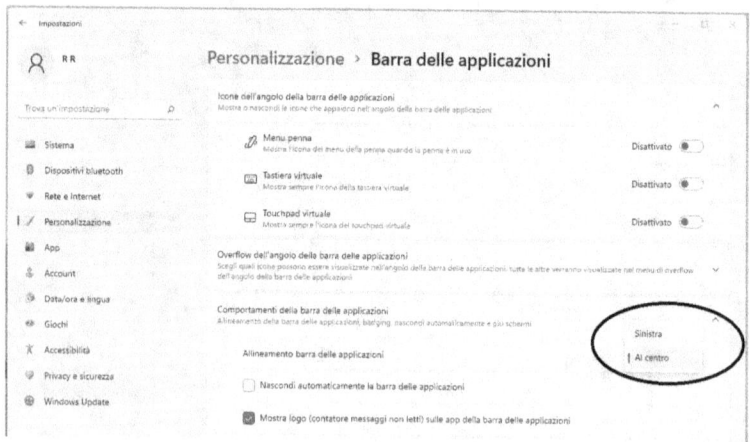

E' disponibile l'opzione per abilitare o meno la funzione "mostra desktop" all'estrema destra della taskbar.
E' stata mantenuta anche l'opzione per mostrare o nascondere la taskbar.
Dal menu Start>Impostazioni>Personalizzazione>Barra delle applicazioni, clicca sul pannello *Comportamenti della barra della applicazioni* e inserisci la spunta nella casella di fianco a "Nascondi automaticamente la barra delle applicazioni":

Sempre dal menu Personalizzazione, puoi abilitare o disabilitare le icone che appaiono sulla taskbar tramite gli "interruttori" sulla destra, scegliendo quali mostrare (ad es. Teams):

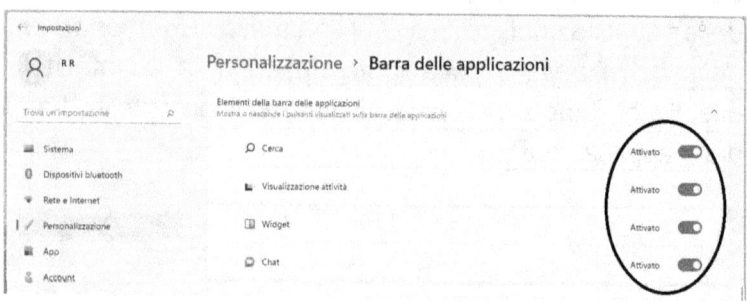

Modificare il menu di Overflow

Se vuoi modificare il menu di overflow dell'angolo a destra della barra della applicazioni (vedi l'immagine sotto), puoi rimuovere applicazioni come ad esempio OneDrive e recuperare spazio libero nella taskbar. Dal menu Start>Impostazioni>Personalizzazione>Barra delle applicazioni, clicca sul pannello *Overflow dell'angolo della barra delle applicazioni* e seleziona le icone che vuoi visualizzare nel menu di Overflow tramite gli appositi "interruttori":

Nell'immagine sotto, il pannello *Overflow dell'angolo della barra delle applicazioni* e i relativi pulsanti di fianco alle applicazioni.

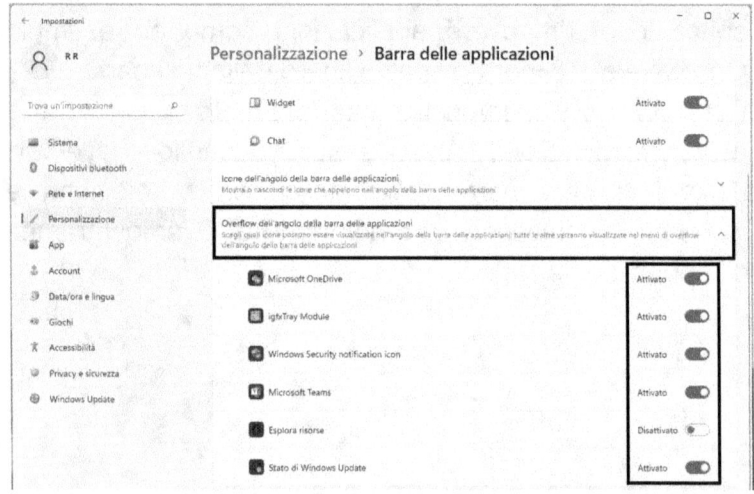

Auto HDR e DirectStorage

Questa funzione, è stata sviluppata espressamente per migliorare l'esperienza di gioco di tutti gli appassionati. Converte automaticamente lo "standard dynamic range" o SDR, in HDR "high dynamic range" per avere colori più brillanti e più intensi su monitor compatibili con questa funzionalità e immergerti maggiormente nell'esperienza di gioco rendendola più realistica.

Tutto ciò con una maggiore varietà di colori e luminosità, nei videogiochi sviluppati con questa caratteristica.

Un'altra novità di Windows 11 è la nuova tecnologia chiamata DirectStorage; le risorse di gioco sono caricate direttamente sulla scheda video in modo da non sovraccaricare il processore.

Questo si traduce in tempi di caricamento più rapidi e mondi di gioco più dettagliati.

Digitazione vocale

Un'altra novità interessante, permette di utilizzare la voce per digitare.
Puoi lanciare l'applicazione utilizzando la scorciatoia da tastiera, premendo il tasto con il logo di Windows ⊞ + H. L'interfaccia grafica comprende il pulsante con il microfono di Microsoft ⏺ e cliccandolo, puoi iniziare a scrivere un testo con la voce; a sinistra del pulsante col microfono c'è il pulsante per accedere al menù dei settaggi per regolare le varie opzioni.

GIF ed Emoji

Ora sono supportate anche le emoticons e le GIF animate.
Per lanciare l'interfaccia per selezionarle, utilizza la scorciatoia da tastiera premendo il tasto con il logo di Windows ⊞ + V.

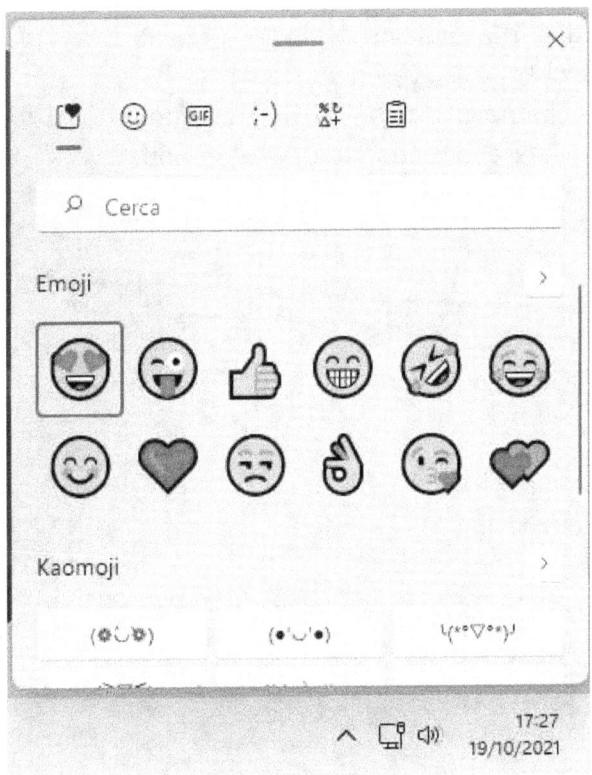

Interfaccia impostazioni

Windows 11, presenta una nuova versione dell'interfaccia impostazioni; anche qui sono presenti gli angoli arrotondati e icone colorate.
La nuova versione non ha una home page con tutte le icone come in Windows 10.
Nella colonna a sinistra trovi l'elenco delle categorie; il sistema di navigazione è simile a quello di Windows 10 ma ora ci sono più opzioni.
Nella colonna a destra, trovi le opzioni che si possono espandere per accedere a un sottomenu.

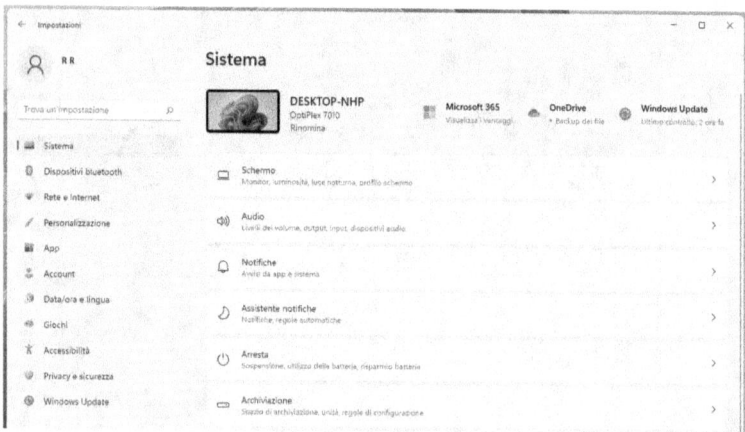

Di fianco all'icona colorata e sotto il nome del PC, trovi la voce *Rinomina*; cliccandoci sopra, puoi modificare il nome del PC:

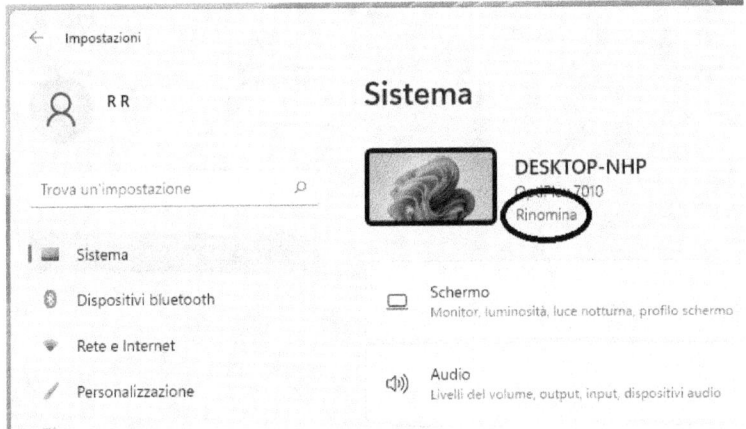

Quando clicchi per espandere una delle opzioni nella colonna a destra, ti viene indicata in alto la posizione in cui ti trovi e per tornare indietro alla schermata precedente, puoi cliccare sulla penultima voce del percorso (es. su *Schermo* e poi su *Sistema* nell'esempio sotto), oppure sulla freccia che si trova nell'angolo in alto a sinistra.

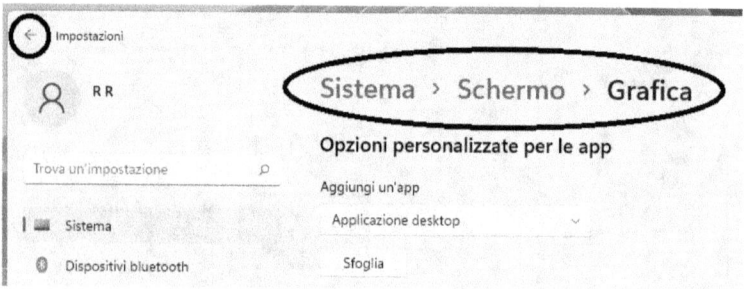

Sempre nella sezione sistema, di fianco al nome del PC, trovi tre pulsanti; *Microsoft 365* per l'acquisto e il download di Office 365, *OneDrive* ti indica se i tuoi file sono sottoposti o meno a backup e *Windows Update* ti indica quando è stato fatto l'ultimo controllo per la verifica di nuovi aggiornamenti.

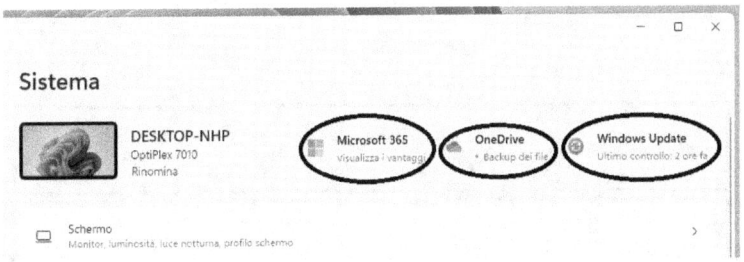

Sono stati introdotti anche i *suggerimenti*; se ad esempio apri il menu Arresta e le impostazioni di sospensione dello schermo (relative alla sospensione del PC – utilizzo della batteria – risparmio batteria) sono impostate su "Mai", potresti visualizzare i suggerimenti per il risparmio energetico:

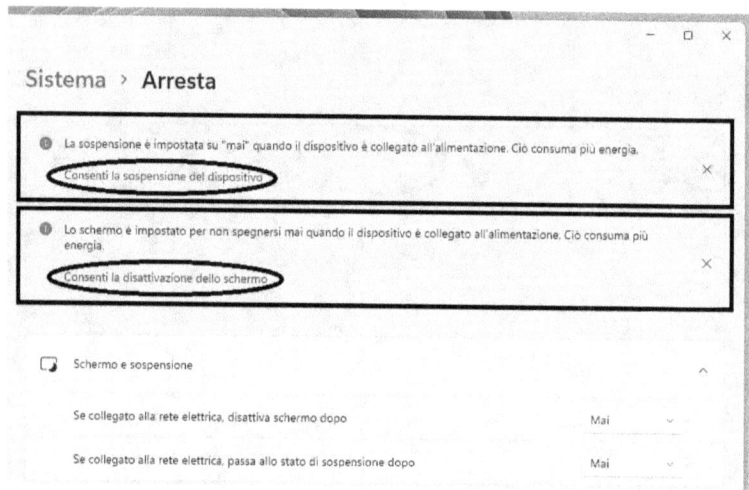

In questo caso, l'interfaccia ti indica due suggerimenti per risparmiare energia e subito sotto ogni suggerimento puoi cliccare la relativa "scritta/pulsante" d'azione (Consenti la sospensione del dispositivo / Consenti la disattivazione dello schermo), per la modifica delle impostazioni.

Tra le impostazioni dello schermo, è stata aggiunta una funzione per tenere in memoria il posizionamento delle finestre nel caso stia utilizzando un doppio monitor e ridurre ad icona le finestre qualora uno dei due monitor venga scollegato:

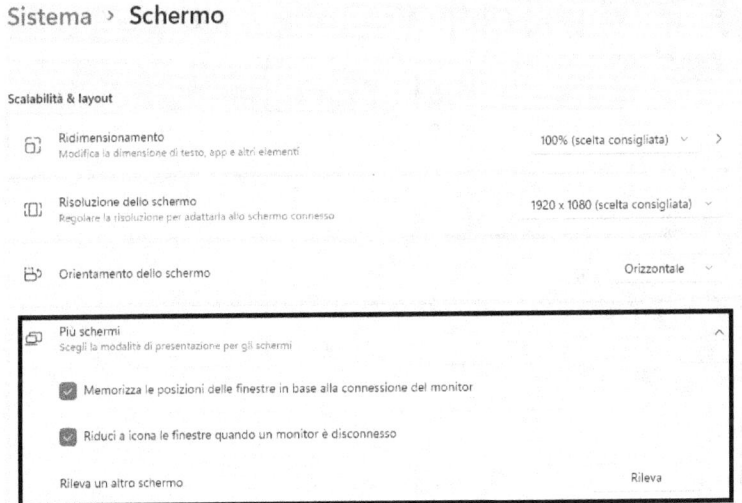

Novità circa la grafica

Come anticipato in precedenza, per quanto riguarda la grafica sono state apportate alcune innovazioni che per essere gestite, necessitano di hardware compatibile sia lato monitor che lato PC.

Le innovazioni riguardano l'*HDR* (solo nei monitor compatibili):

Poi c'è la funzione **CABC** (content adaptive brightness control) che consente, nei monitor che la supportano, di adattare in automatico il contrasto in base ai contenuti visualizzati sullo schermo in modo da aumentare la durata della batteria su un PC portatile.

Sui PC supportati è disponibile la funzione **DRR** (dynamic refresh rate); modificando questa impostazione, Windows aumenta o diminuisce automaticamente la frequenza di aggiornamento del monitor in modo da risparmiare energia:

Scegli una frequenza di aggiornamento
Una frequenza più elevata offre un movimento più uniforme, ma consuma anche più energia. Altre informazioni sulla frequenza di aggiornamento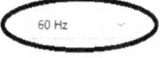

Nella sezione *Audio*, c'è la nuova opzione per l'aggiunta di periferiche audio di output; puoi procedere all'associazione cliccando sul pulsante "Aggiungi dispositivo":

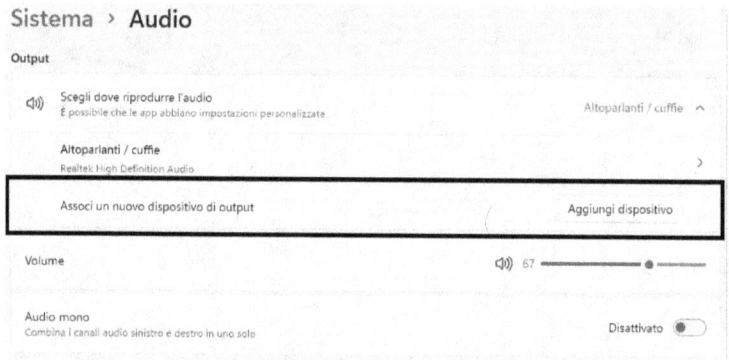

Visualizzerai il popup di seguito:

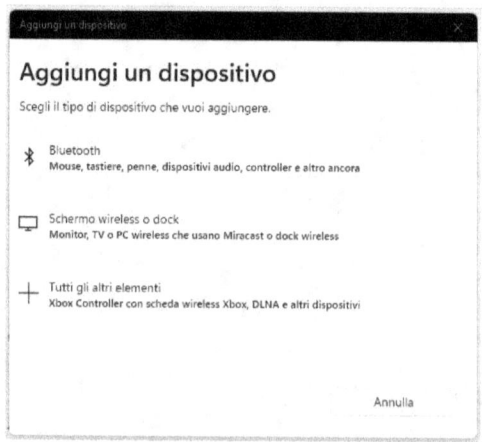

C'è poi anche l'opzione "Audio mono", che unisce il canale destro e sinistro in un unico canale, per le persone che hanno difficoltà uditive. Puoi attivare o disattivare la funzione tramite l' interruttore sulla destra.

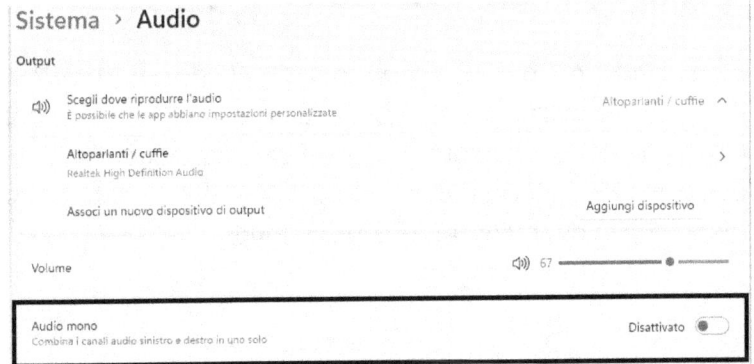

Cliccando nel secondo pannello "Altoparlanti/cuffie",

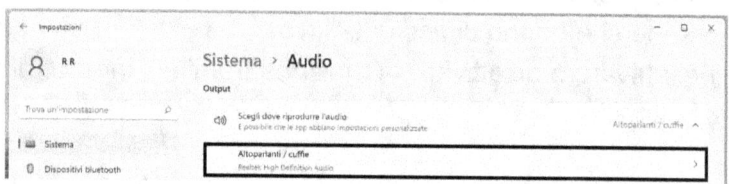

accedi ad una nuova schermata di Windows 11 in cui puoi visualizzare, in alto sulla destra, se i driver del dispositivo sono aggiornati e verificare la disponibilità di eventuali aggiornamenti, cliccando su "Verifica la disponibilità di aggiornamenti per i driver" :

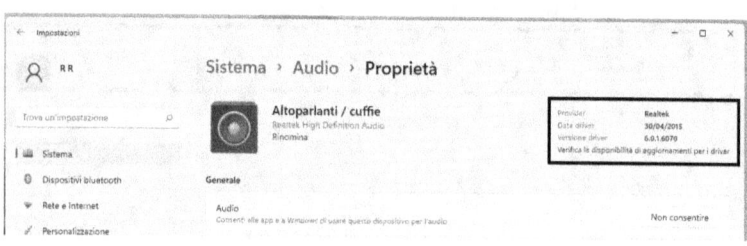

Nella schermata delle propietà audio trovi alcuni pannelli con nuove funzionalità di Windows 11 che ti permettono di regolare al meglio una periferica audio.

Subito sotto il pannello *Generale*, che tramite il pulsante "Non consentire" ti permette di disabilitare/abilitare la periferica audio che hai selezionato, puoi trovare il

Generale	
Audio Consenti alle app e a Windows di usare questo dispositivo per l'audio	Non consentire

Impostazioni di output		
Formatta	Test	24 bit, 48000 Hz (Studio Quality)
Volume		◁)) 67 ●————
Canale di sinistra		67 ●————
Canale di destra		67 ●————

Migliora l'audio Migliora automaticamente la qualità del suono (Disattiva in caso di problemi di suono) Avanzate	Disattivato ●

Audio spaziale	
Tipo Scegli un'esperienza audio immersiva che simula un ambiente realistico (audio spaziale 3D) Ottieni più app per audio spaziale da Microsoft Store	Disattivato

pannello *Formatta*, che attraverso un menu a tendina e il pulsante "Test" ti permette di effettuare ulteriori regolazioni per migliorare la qualità del suono di una periferica:

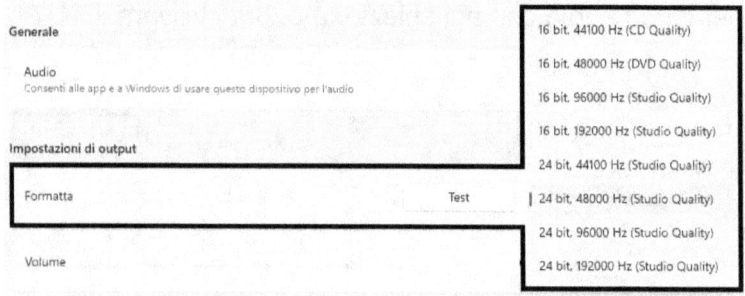

Poco sotto i pannelli di regolazione generale del volume e dei controlli di volume separati per canale di sinistra e destra, trovi il pannello "Migliora audio" con il relativo pulsante sulla destra per attivare/disattivare la funzione.

L'ultimo pannello in basso nelle proprietà audio, *Audio spaziale,* ti consente di simulare un "effetto 3D" per aumentare la spazialità del suono, selezionando un menu a tendina:

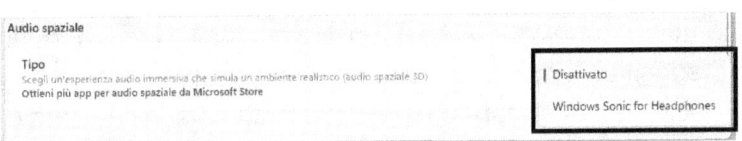

Risalendo di un livello rispetto alle *Proprietà* viste nelle pagine precedenti e tornando su *Sistema>Audio*, puoi osservare che la sezione *Avanzate* è divisa in quattro parti.

Nel primo pannello "Risoluzione dei problemi audio comuni" puoi risolvere i problemi audio cliccando su "Dispositivi di output" o "Dispositivi di input".

Cliccando nel secondo pannello, "Tutti i dispositivi audio" puoi vedere l'elenco di tutti i dispositivi di output e di input del PC.

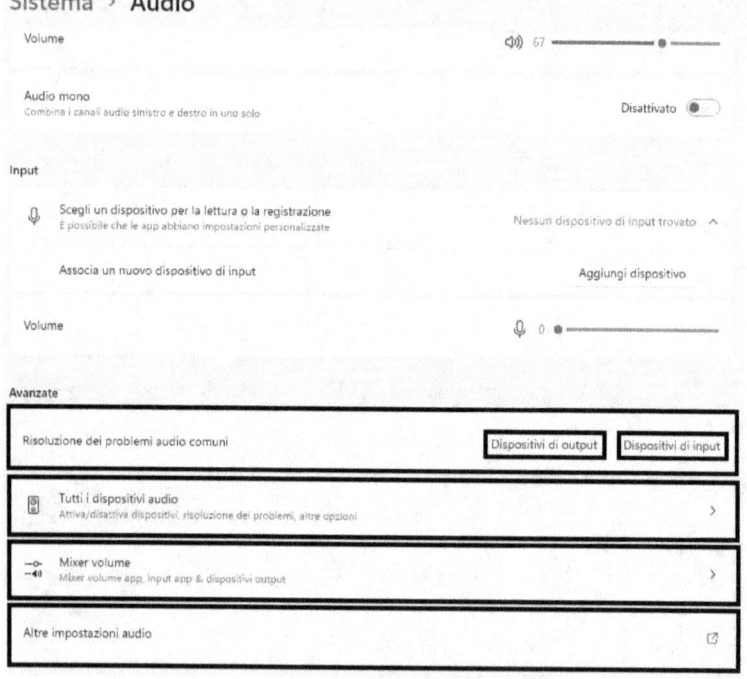

Nel terzo pannello "*Mixer volume*" puoi accedere alla regolazione del volume dei dispositivi audio e del sistema.
Puoi anche accedere a questa schermata cliccando col tasto destro del mouse sull'icona del volume nella taskbar e poi su "Apri mixer volume".

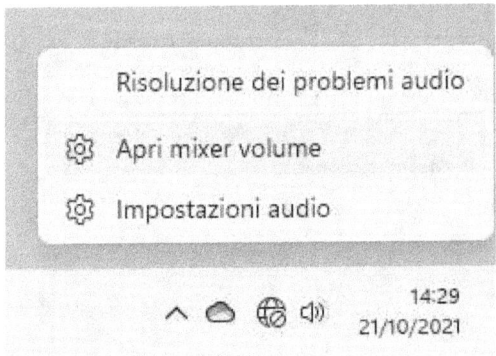

Cliccando sul quarto e ultimo pannello "Altre impostazioni audio", si apre un popup presente anche nelle precedenti versioni di Windows in cui puoi regolare i suoni di una periferica audio di input e di output e modificare i suoni delle notifiche di Windows:

Anche la pagina Archiviazione, accessibile cliccando sul pannello Archiviazione, è stata aggiornata:

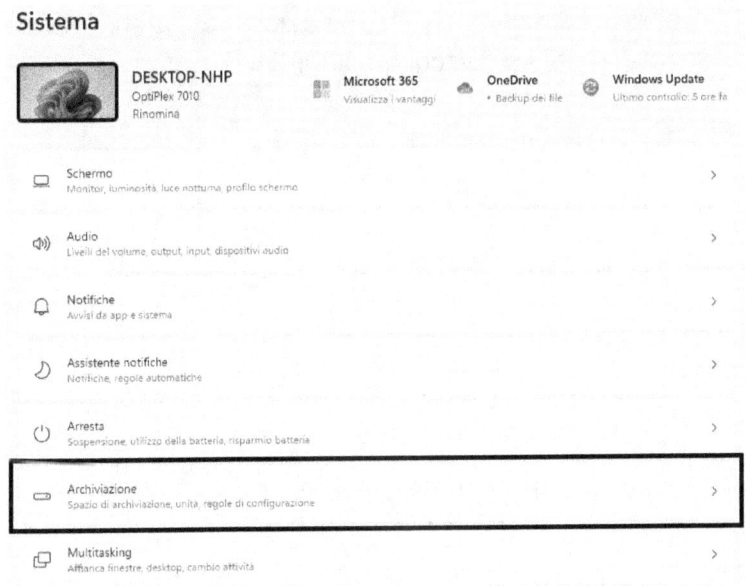

L'esperienza grafica è stata migliorata per semplificare la gestione delle unità di archiviazione e ora la schermata è chiara e intuitiva.

Al centro in alto puoi visualizzare varie informazioni; lettera del drive, capacità (GB) e lo spazio occupato dai dati.

Cliccando nel campo "Impostazioni di archiviazione avanzate" e poi su "Dischi e volumi",

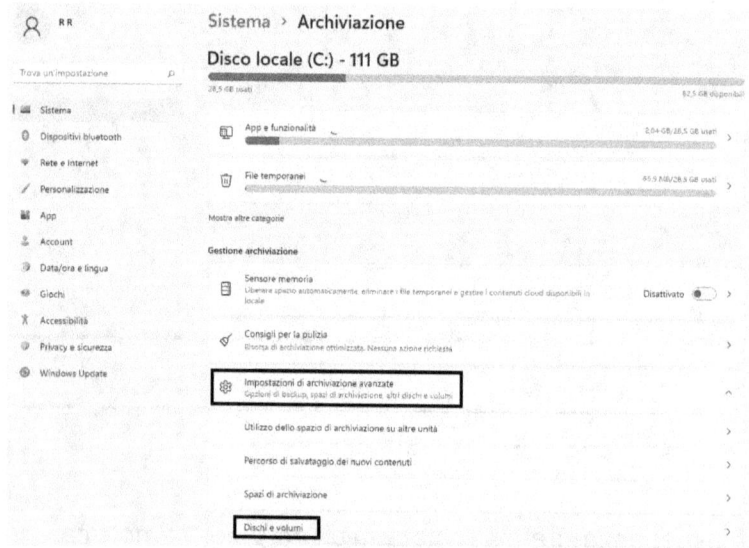

accedi ad un'altra schermata (vedi pagina successiva) in cui puoi visualizzare i dettagli dei dischi presenti sul PC.

Se invece clicchi sul drive (in questo caso Kingston SA400), compare il pulsante proprietà:

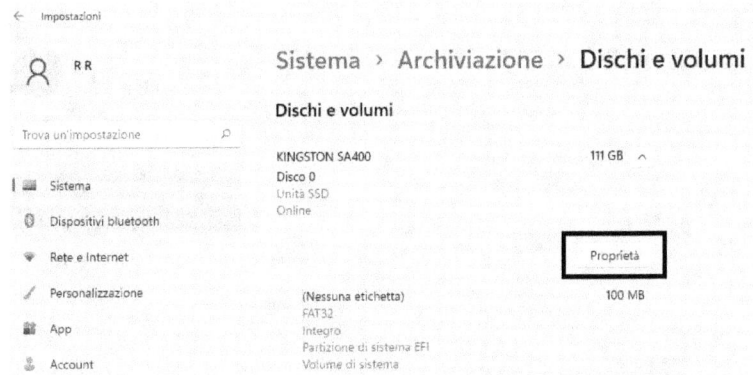

Cliccando su proprietà, accedi ad un'altra finestra che

elenca tutti i dettagli del drive (il nome, l'ID disco, il produttore, il modello, il serial number, il tipo di bus, la capacità e il tipo di drive).

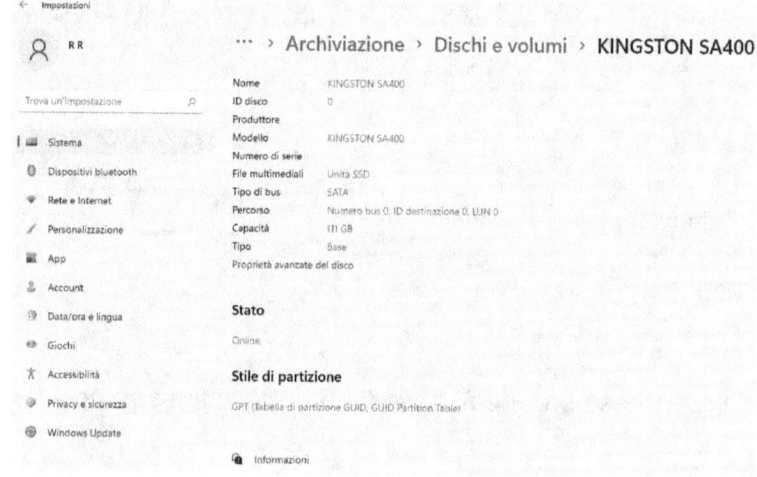

Cliccando sul volume (ad esempio C:), ti compaiono due pulsanti (*Esplora* e *Proprietà*). Se clicchi Esplora, ti compare la finestra di esplora file per navigare all'interno delle cartelle e dei file contenuti nell'unità.
Se clicchi proprietà come nell'esempio di seguito:

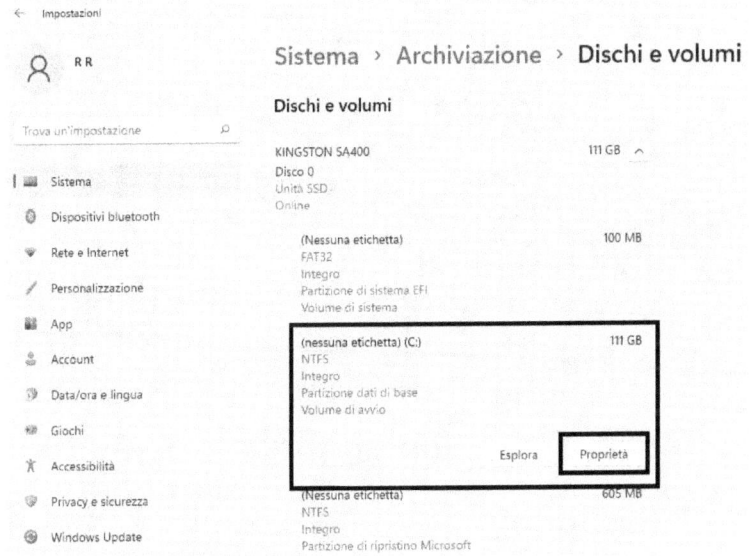

Accedi alla finestra che elenca tutte le proprietà del volume C:

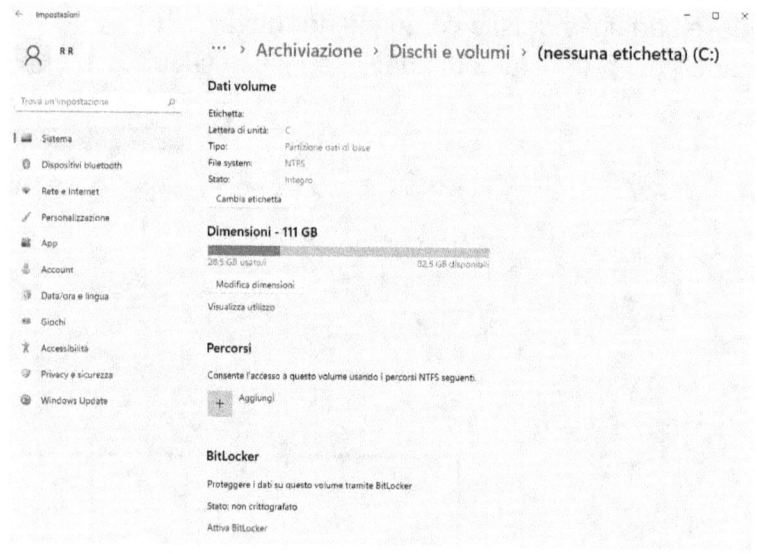

Su Windows 11, oltre all'innovazione dell'interfaccia grafica per le gestione degli spazi di archiviazione è stata mantenuta anche l'interfaccia "Gestione disco" presente in tutte le versioni precedenti di Windows:

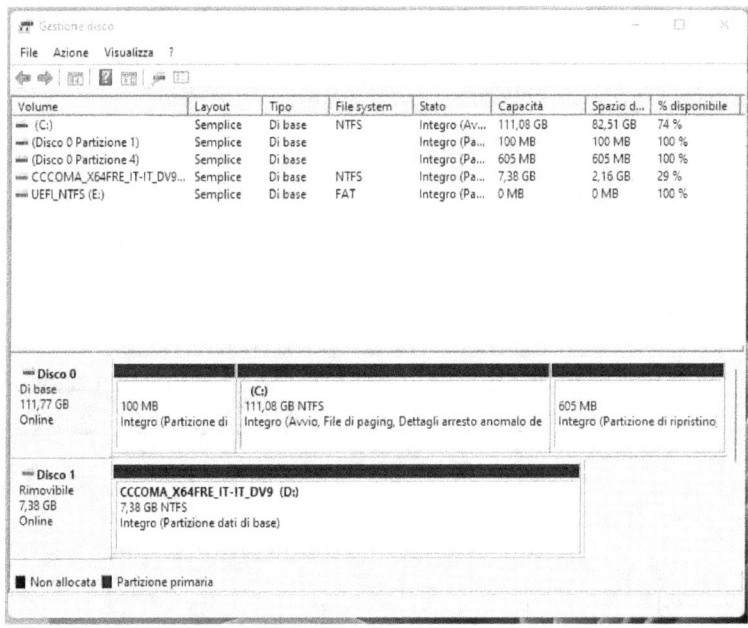

Cliccando sul pannello *Multitasking*, accedi alle opzioni per abilitare/disabilitare il ridimensionamento delle finestre e altre opzioni:

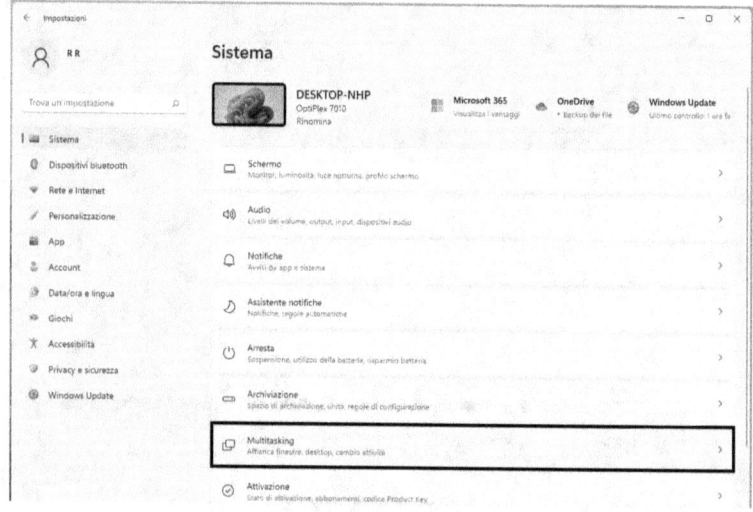

Cliccando sul pannello *Affianca finestre*, puoi inserire o togliere la spunta dall'opzione "Mostra i layout ancorati al

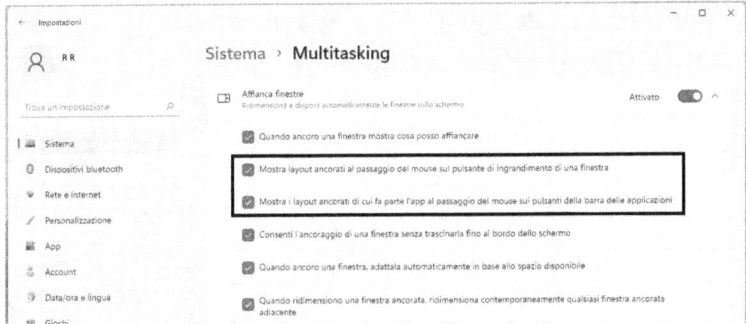

passaggio del mouse sul pulsante di ingrandimento di una finestra", che abilita/disabilita la funzione di seguito:

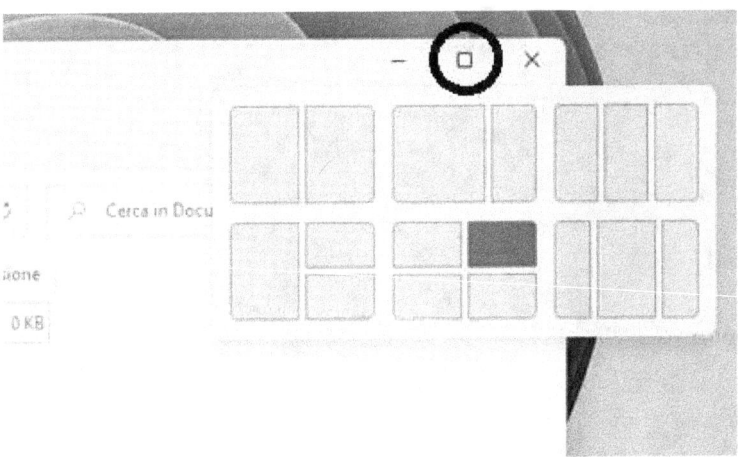

La seconda opzione "Mostra i layout ancorati di cui fa parte l'app al passaggio del mouse sui pulsanti della barra delle applicazioni", ti permette di abilitare o disabilitare l'anteprima del layout in miniatura della finestra al passaggio del mouse:

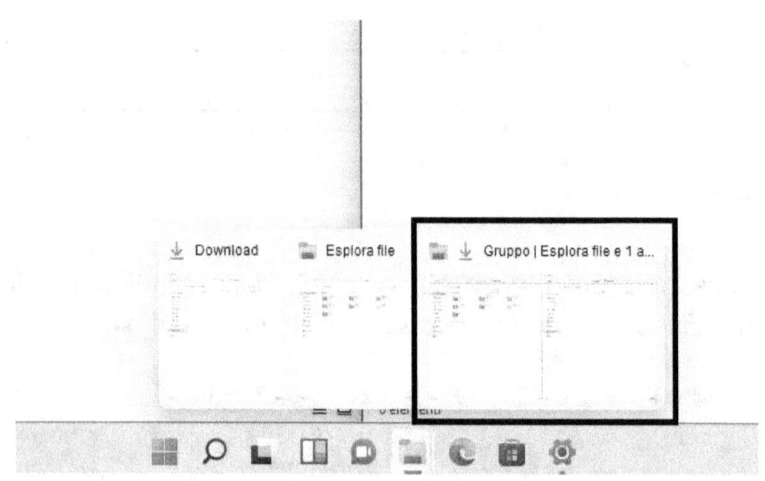

Nell'ultimo pannello in basso "Scuotimento della finestra della barra del titolo" trovi l'interruttore per abilitare/disabilitare questa funzione:

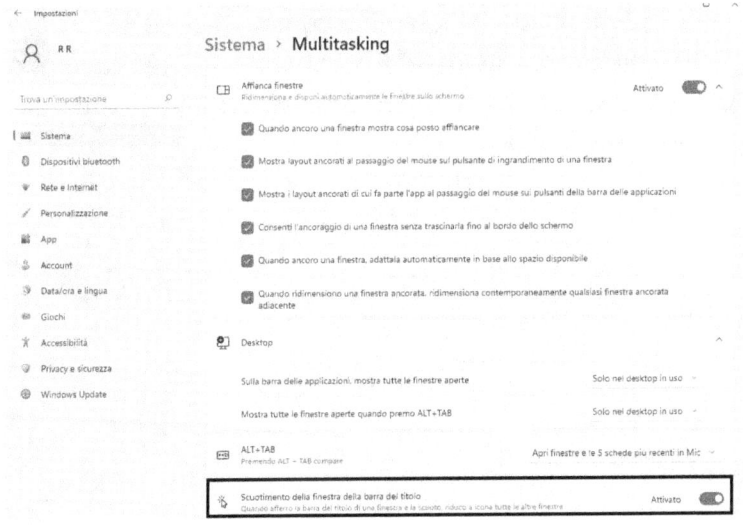

In pratica, la funzione "scuotimento della finestra" ti permette di ridurre ad icona tutte le finestre aperte tranne quella che stai "agitando", posizionando il puntatore del mouse sulla barra del titolo della finestra e tenendo cliccato il tasto sinistro del mouse (come quando devi trascinarla, solo che in questo caso la agiti rapidamente da destra a sinistra e viceversa un paio di volte).
Per ripristinare lo stato delle finestre ridotte ad icona, agita nuovamente la finestra rimasta in primo piano sul desktop.

Dispositivi bluetooth

Anche la sezione *Dispositivi bluetooth* è stata migliorata per semplificare la procedura di associazione/gestione delle periferiche bluetooth come mouse, tastiere, dispositivi audio, stampanti e scanner, il tuo telefono, fotocamere, penna e Windows Ink, Autoplay, e USB.

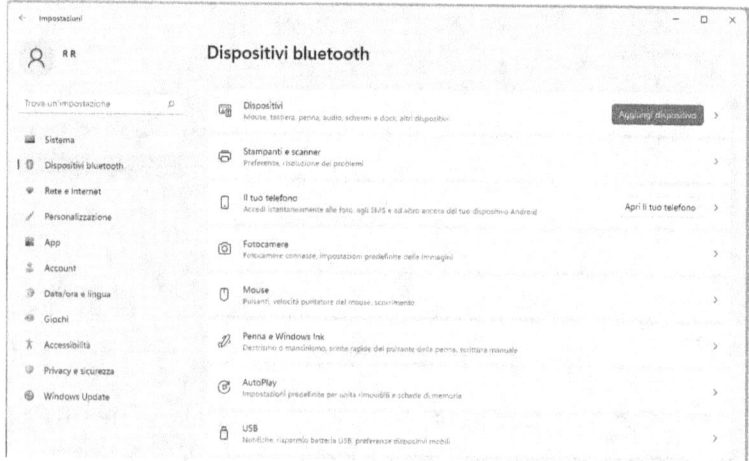

Il pulsante in alto a destra, *Aggiungi dispositivo*, ti permette di associare nuove periferiche su Windows 11:

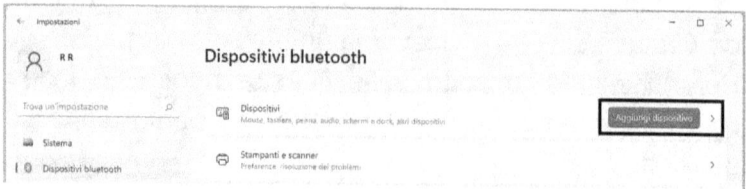

Dopo aver cliccato *Aggiungi dispositivo*, visualizzerai il popup di seguito e potrai cliccare su uno dei tre pannelli in base alla periferica da associare:

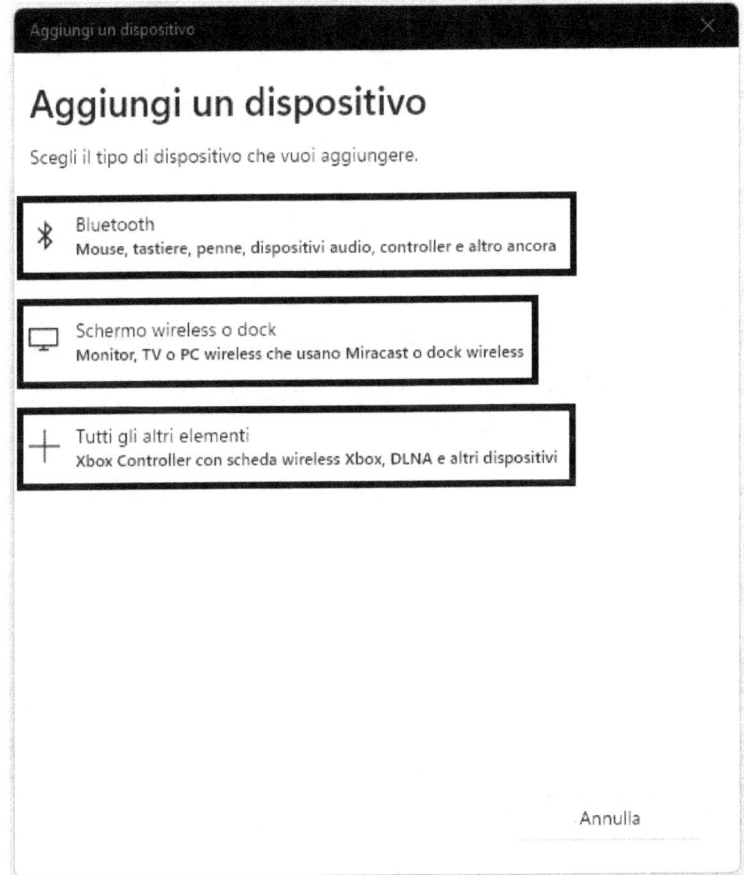

Se non hai più bisogno di una periferica in particolare, puoi cliccare il pulsante con tre puntini sulla destra nel pannello della periferica relativa e cliccare rimuovi non appena ti appare sullo schermo:

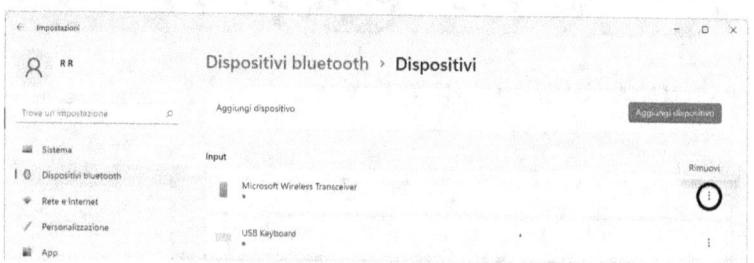

Il pannello *Fotocamere* è una novità di Windows 11; cliccando sopra, ti permette di amministrare webcam e webcam di rete:

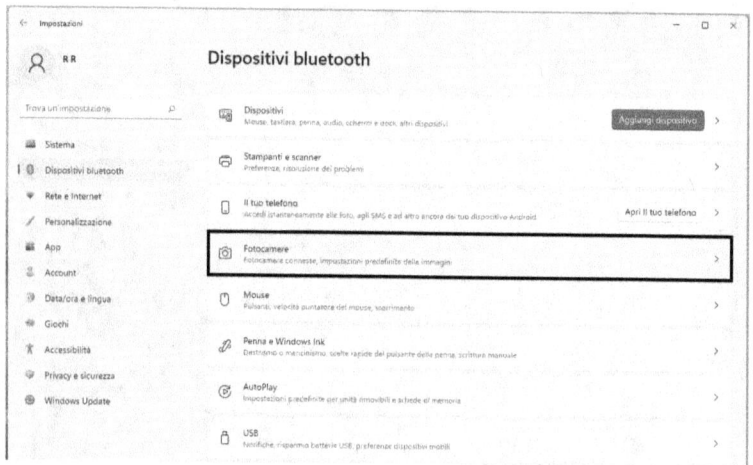

Se devi installare una webcam di rete, devi solo cliccare il pulsante in alto a destra *Cerca Videocamere*:

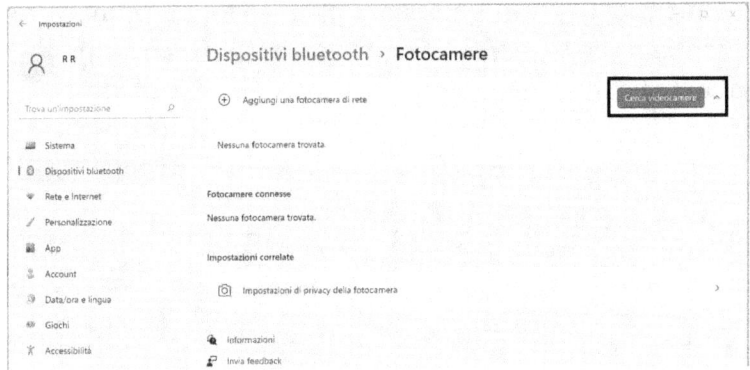

Una volta cliccato, devi semplicemente attendere che la webcam collegata (o integrata nel pc) sia rilevata. Poi la visualizzerai sotto la sezione "*Fotocamere connesse*".
Potrai gestire le regolazioni di luminosità, contrasto e rotazione e, se la webcam è compatibile, abilitare l'*HDR* e l'*Eye contact*.

Rete, Internet e Wi-Fi 6 / 6E

Nella sezione *Rete e Internet*, puoi vedere il tipo di connessione attiva (nell'immagine sotto, "Ethernet"), le proprietà della connessione (pubblica o privata) e la quantità di dati utilizzati.

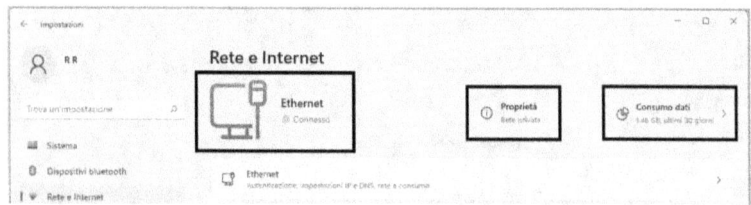

Questa sezione, include i pannelli per il settaggio della connessione Ethernet e/o Wi-Fi, VPN, Proxy, connessione remota (Dial-up) e impostazioni di rete avanzate; sui PC portatili comprende anche la sezione Hotspot e la modalità aereo per disabilitare il Wi-Fi.
Cliccando sul pannello Ethernet ora puoi attivare l'autenticazione IEEE.802.X.

L'autenticazione IEEE.802.X, è stata implementata da molti produttori di switch per impedire collegamenti non autorizzati alla rete locale e anche dai produttori di access point wireless per garantire un meccanismo di autenticazione sicura.
Nelle versioni precedenti di Windows, questa opzione era modificabile dal pannello di controllo.

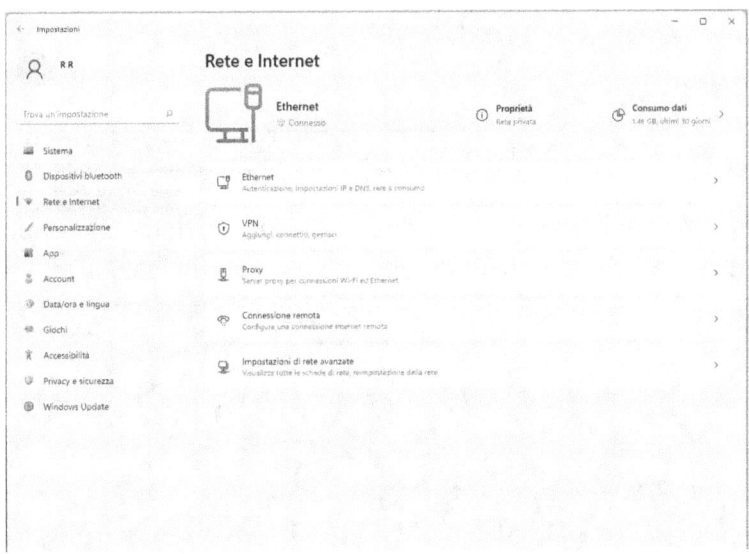

Per continuare la configurazione, clicca il pulsante modifica sulla destra nel pannello "Impostazioni di autenticazione":

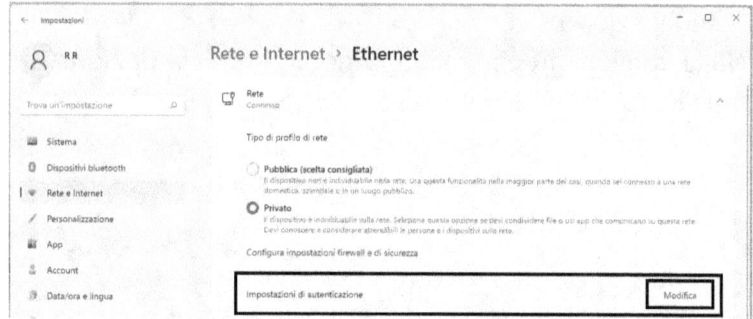

Ti appare il popup "Impostazioni autenticazione Ethernet" con il relativo interruttore per attivare l'autenticazione:

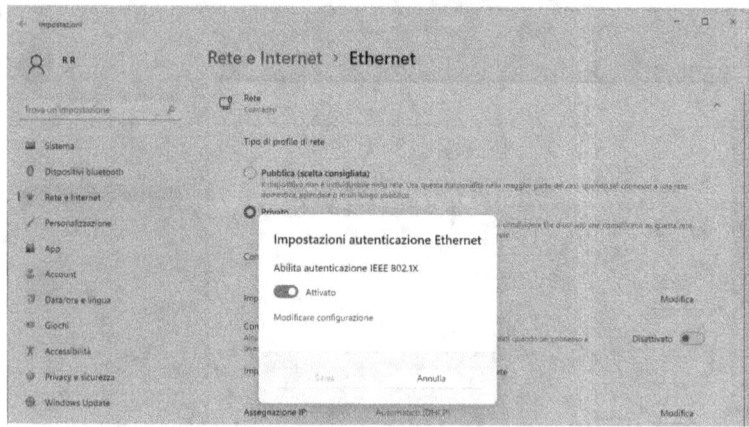

Il pannello Wi-Fi (se stai utilizzando un portatile o un pc con Wi-Fi integrato/scheda wireless), non è una novità di Windows 11, cliccando sul pannello puoi visualizzare le reti senza fili disponibili e scegliere quella a cui connetterti (in Windows 10 scorre dalla parte destra dello schermo).

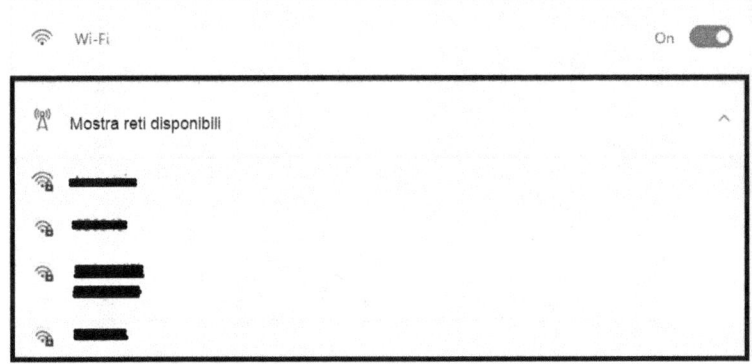

Impostare indirizzo IP e server DNS

Fino ad oggi era tutto inglobato in un'unica schermata, ma ora Windows 11 ti permette di configurare l'indirizzo IP e i server DNS anche separatamente.
Clicca su Impostazioni di rete avanzate:

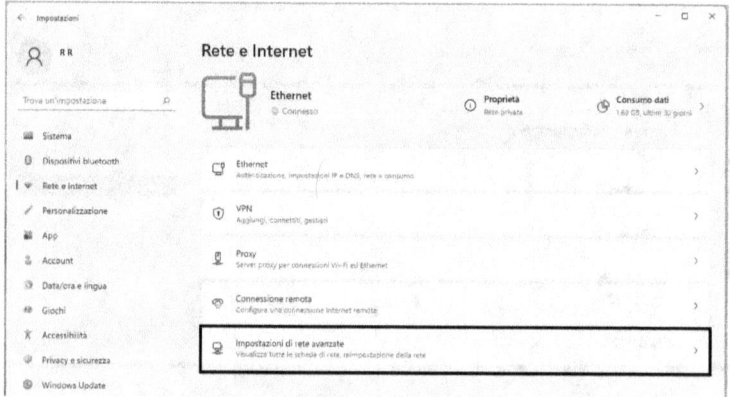

Poi clicca sulla freccia a destra nel pannello *Ethernet* per "esplodere" il sottomenu, e poi clicca sulla freccia a destra nel pannello *Visualizza proprietà aggiuntive* come indicato di seguito:

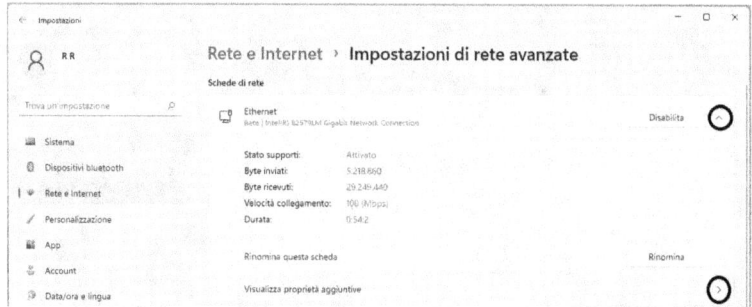

Successivamente clicca sul pulsante *Modifica* nel pannello *Assegnazione IP*:

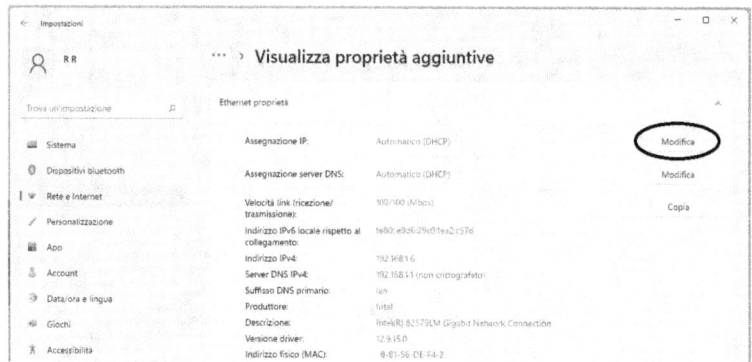

Dal menu a tendina, seleziona *Manuale*:

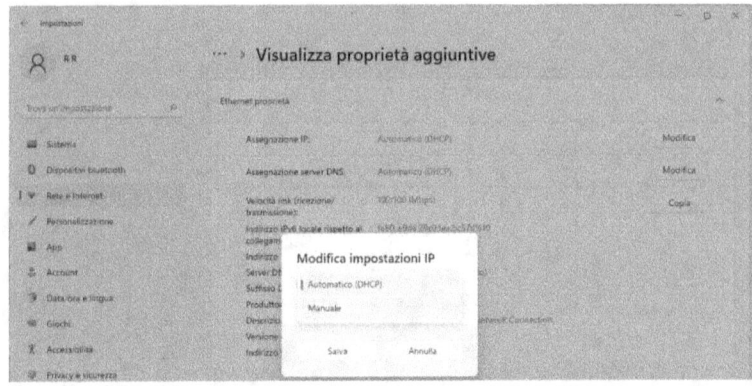

Attiva IPv4 con l'apposito interruttore (o IPv6):

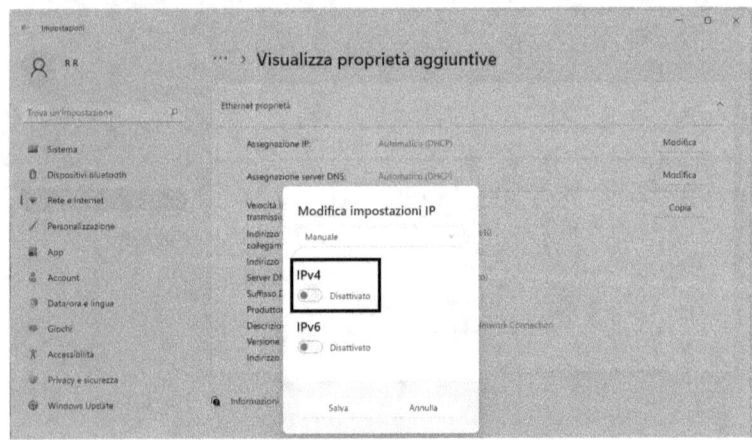

E adesso, inserisci l'indirizzo IP:

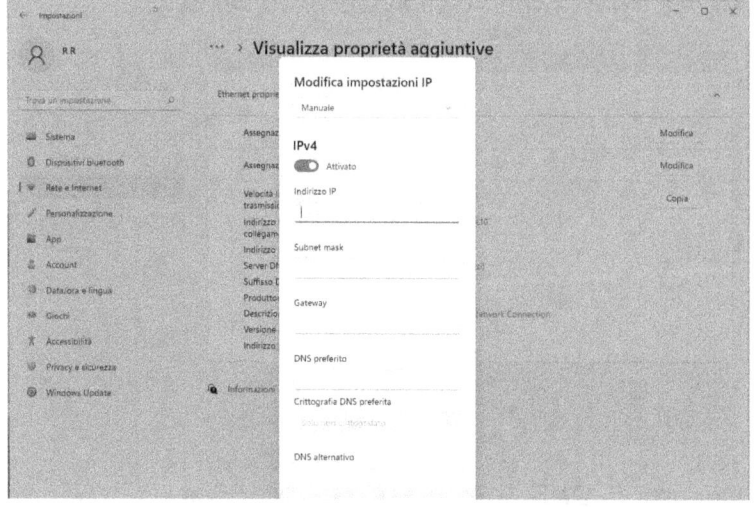

Per configurare soltanto il server DNS, clicca sul pulsante *Modifica* nel campo *Assegnazione server DNS*:

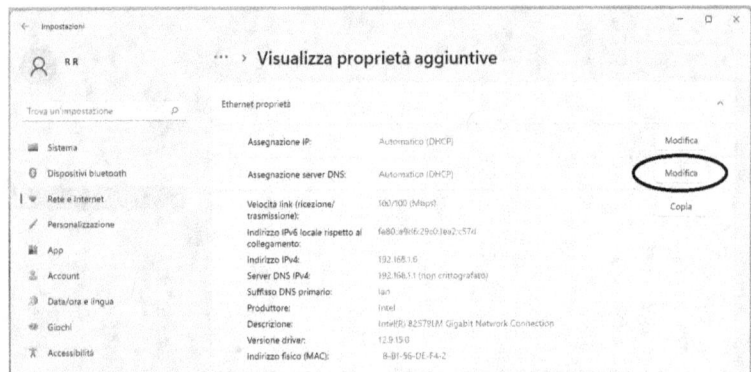

Inserisci il DNS Preferito e poi Windows 11, che ora supporta il DNS over Https (DoH), ti permette di criptare le query DNS usando il protocollo https per un'esperienza online più sicura.
Per configurare la criptazione, devi fornire un server DNS che supporti il metodo di criptazione (ad esempio i DNS di Google 8.8.8.8 e 8.8.4.4), e poi selezionare

dal menu a tendina l'opzione "Solo crittografati (DNS su HTTPS)":

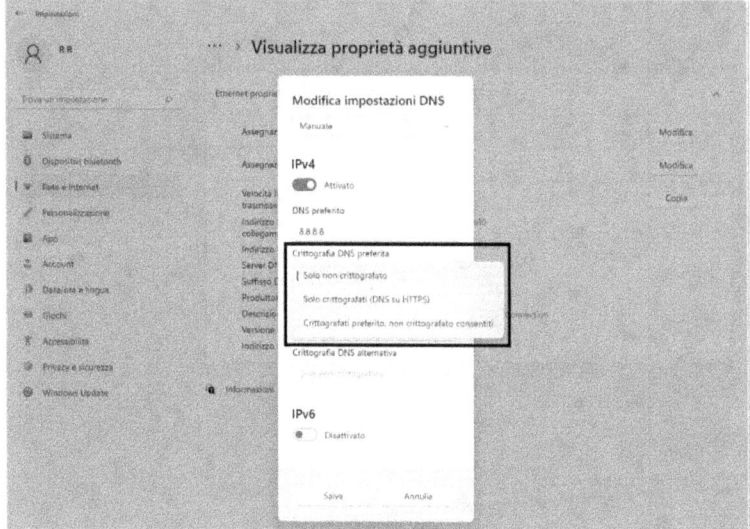

Il pulsante *Copia*, alla destra dell' elenco che comprende i dati di configurazione della rete, permette di copiarli ed eventualmente incollarli su un documento di testo:

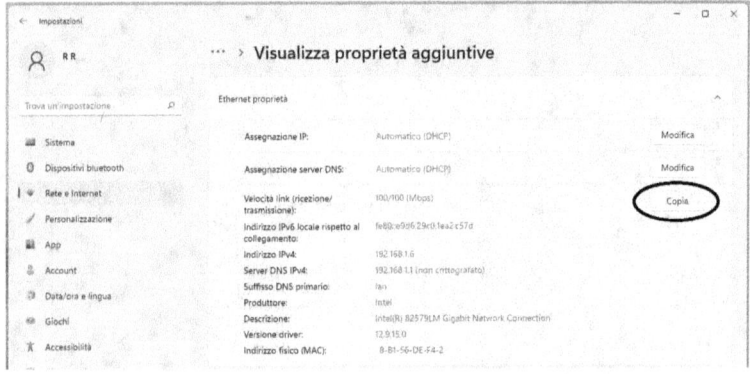

Nella sezione *Impostazioni di rete avanzate*, ora puoi abilitare o disabilitare dai rispettivi pannelli l'interfaccia Ethernet o l'interfaccia Wi-Fi: questa è un'altra novità di Windows 11 perché nelle versioni di Windows precedenti era possibile abilitare o disabilitare le intefacce soltanto tramite il pannello di controllo.
C'è anche la possibilità di rinominare le interfacce di rete (sia Ethernet che Wi-Fi) tramite il pulsante rinomina:

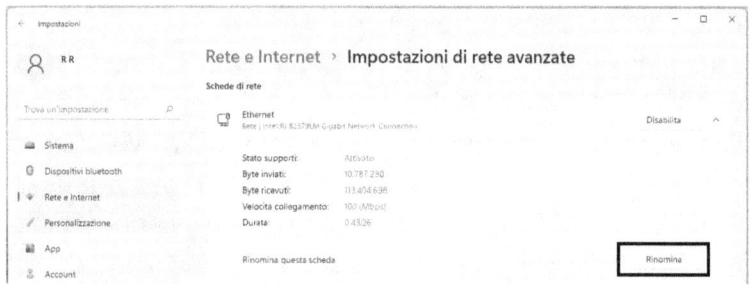

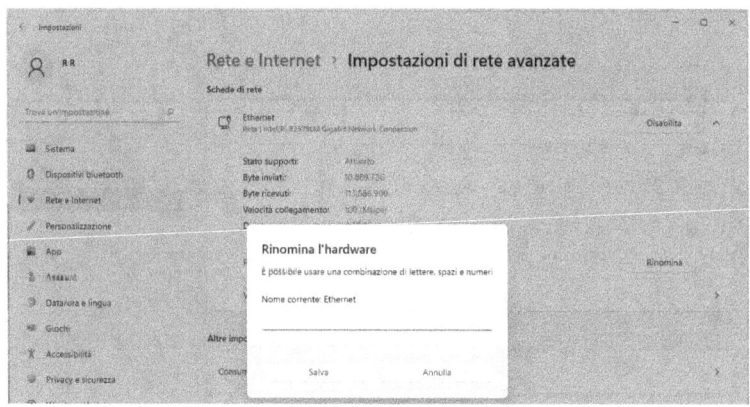

Wi-Fi 6 / 6E

Windows 11 fa un notevole passo avanti per quanto riguarda la rete, perché ora supporta la tecnologia wireless 6E.

Wi-Fi 6E, risulta (nel momento in cui sto scrivendo il libro) la tecnologia senza fili più recente, che promette velocità di navigazione superiori.

Wi-Fi "6E" sta per *banda 6 GHz* ed "E" sta per *espansa*, cioè una revisione successiva al Wi-Fi 6.

La tecnologia 6E, è stata implementata a causa della crescita del numero e della diversità delle periferiche per l'accesso wireless e per l'aumento della velocità di connessione e dei volumi del traffico dati; basti pensare all'utilizzo massivo della banda, che hanno molte applicazioni come la videoconferenza, il download dei file multimediali, la telemedicina, la didattica a distanza, il gioco online, lo smart working, la realtà aumentata e la realtà virtuale.

Tutto questo, richiede un'enorme capacità di banda, per poter raggiungere velocità in gigabit, inoltre molte applicazioni hanno assunto una maggiore importanza durante la crisi del Coronavirus.

Il Wi-Fi 6, serve la gamma di frequenze compresa tra i 5925 e i 7125 MHz (la 6GHz).

Dopo anni di sviluppo, lo scorso 14 luglio 2021 la Germania (seguita dall'Estonia), è stata la prima nazione europea ad avviare l'utilizzo della gamma compresa tra 5945 e 6425 (gamma bassa dell'accesso wireless). In questo momento, anche l'Europa sta puntando verso la gamma alta della banda 6GHz (compresa tra i 6425 e i 7125 MHz) dell'accesso wireless che risulta già in uso negli Stati Uniti, Canada, Brasile, Arabia Saudita e Corea del sud.

La differenza importante tra le due versioni, è che la versione 6E consente il funzionamento con vecchie periferiche che non sono in grado di supportare il trasferimento di dati con le velocità più alte, mentre la Wi-Fi 6 non solo non è in grado di funzionare con le periferiche datate, ma supportando le bande 2,4GHz e 5GHz consente velocità di trasferimento dati più basse rispetto alla Wi-Fi 6E.

Questa tecnologia richiede hardware nuovo, e poiché non usciranno aggiornamenti software per i PC che al momento utilizzano Windows 10, gran parte del "parco macchine globale" non la supporta; inoltre, sebbene molte aziende stiano iniziando a produrre periferiche che supportino il Wi-Fi 6E, non tutti gli stati hanno "dato il via" ad aprire lo spettro di banda 6GHz per consentire il passaggio certificato alla 6E, ma molti sono in procinto di farlo.

Personalizzazione

Nella sezione personalizzazione, ora hai un accesso rapido per la modifica dei temi, puoi scegliere tra 6 temi differenti:

Cliccando il pannello *Tastiera virtuale*, puoi cambiare le dimensioni, i colori e puoi personalizzare il tema per la tastiera.

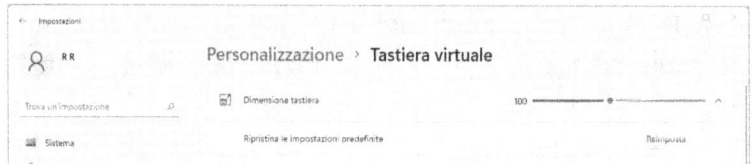

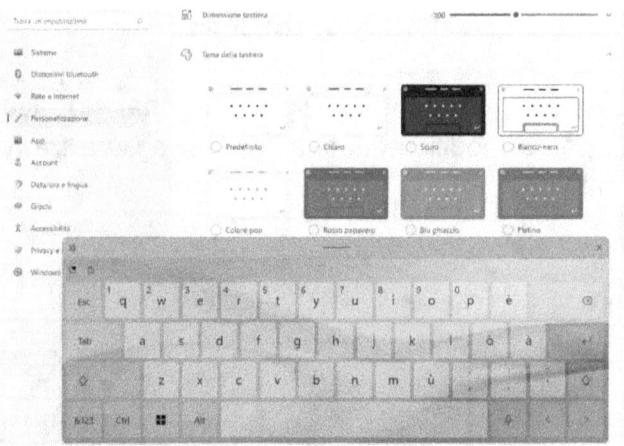

Puoi abilitare o disabilitare lo sfondo dei tasti e puoi anche regolare le dimensioni delle lettere/numeri/simboli nei tasti.

Cliccando sul pannello *Start*, puoi scegliere se mostrare o meno le applicazioni aggiunte di recente, se mostrare le applicazioni usate più spesso e i file recenti nel menu start, nelle jump list (una jump list, è l'elenco dei file, cartelle o funzioni a cui puoi accedere facendo clic con il pulsante destro del mouse su un'applicazione) e nella finestra esplora file.
Se disabiliti tutte e tre le opzioni, tutti gli "Articoli consigliati" nel menu start saranno disabilitati.

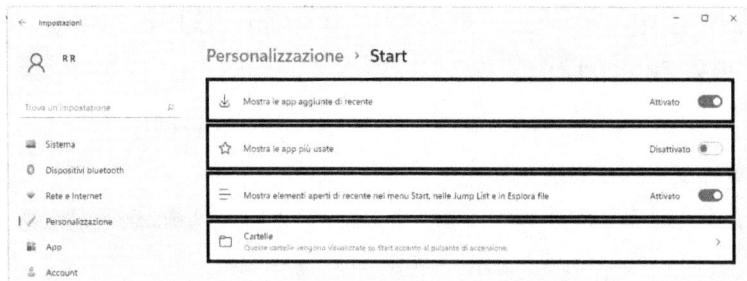

Nel quarto pannello *Cartelle*, puoi scegliere le icone delle cartelle che vuoi vedere di fianco al pulsante di arresto/riavvio del PC.

Nell'esempio di seguito, ho abilitato le prime tre; Impostazioni, Esplora file e Documenti:

Ed ecco le relative icone di fianco al pulsante di arresto/riavvio del PC:

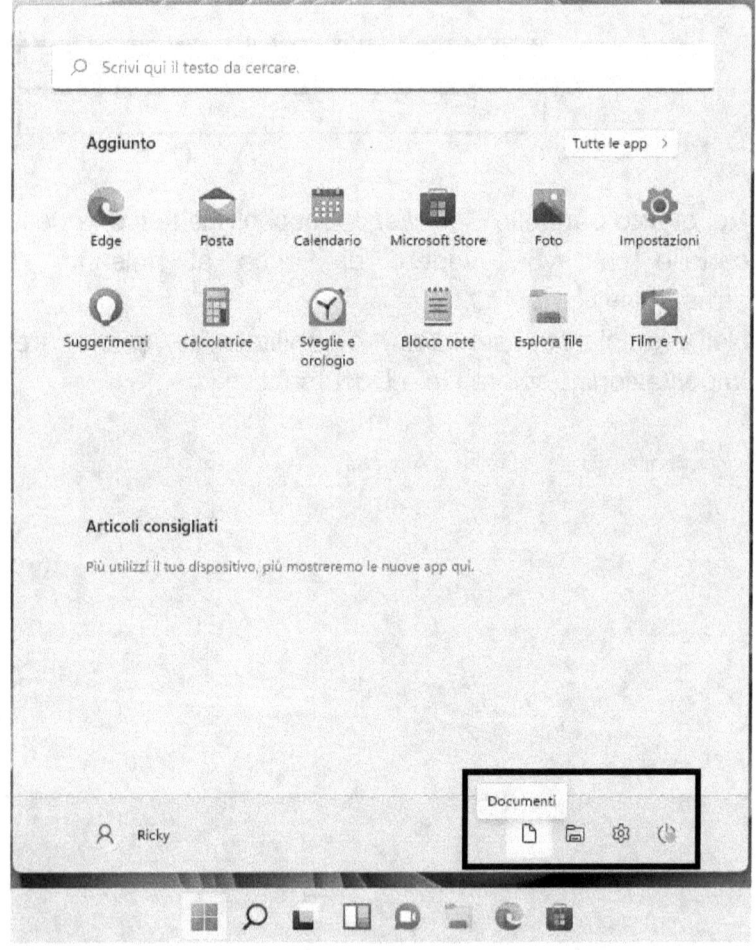

Applicazioni

Nella sezione applicazioni, fondamentalmente non ci son stati grandi stravolgimenti; tuttavia, cliccando nel secondo pannello dall'alto *Condividi tra dispositivi*,

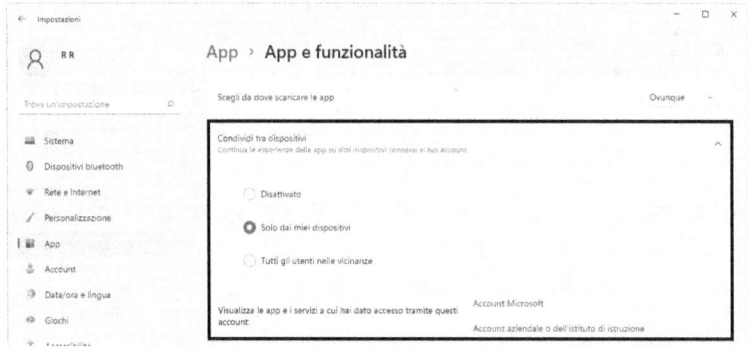

puoi condividere un'applicazione su altri dispositivi connessi con il tuo account.

Se clicchi su *Altre impostazioni*, e poi su *Archiviare le app* (opzione abilitata di default) trovi l'opzione che archivia le applicazioni che non utilizzi:

in modo da risparmiare spazio di archiviazione e banda internet.

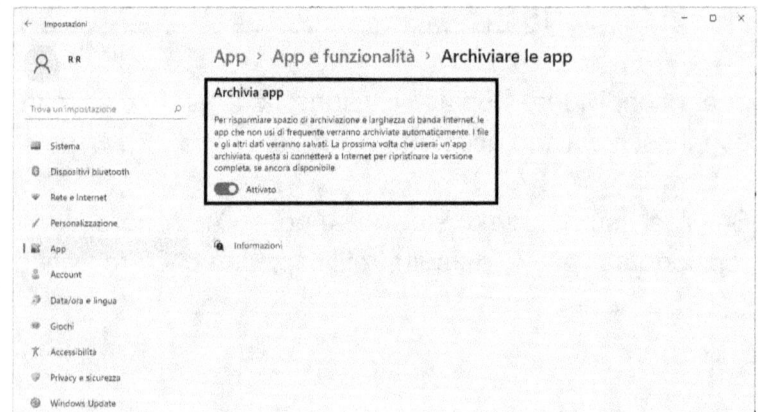

La prossima volta che ti occorrerà utilizzare l'applicazione, il sistema si riconnetterà ad internet per scaricare di nuovo l'applicazione (se è ancora disponibile nel Microsoft store).

Sezione account

La sezione *Account*, ti permette di settare le cartelle di cui vuoi fare il backup su OneDrive, cliccando sul pulsante *Configura sincronizzazione* nel pannello *Sincronizzazione della cartella di OneDrive*:

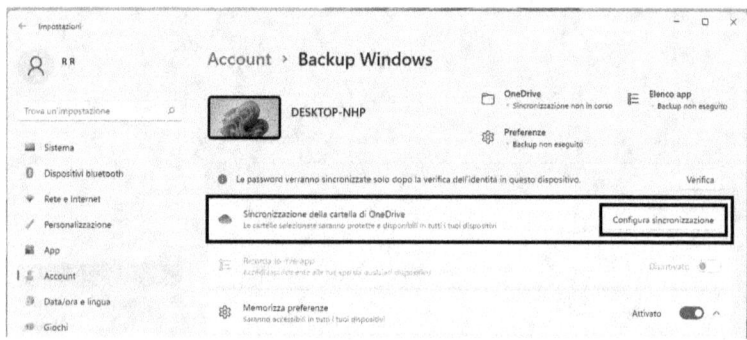

Visualizzerai questa schermata per selezionare le cartelle di cui vuoi fare il backup:

Cliccando sul pulsante *Avvia backup*, farai partire la procedura di backup.

Nel secondo pannello, c'è anche l'opzione per ricordare le applicazioni su ogni dispositivo:

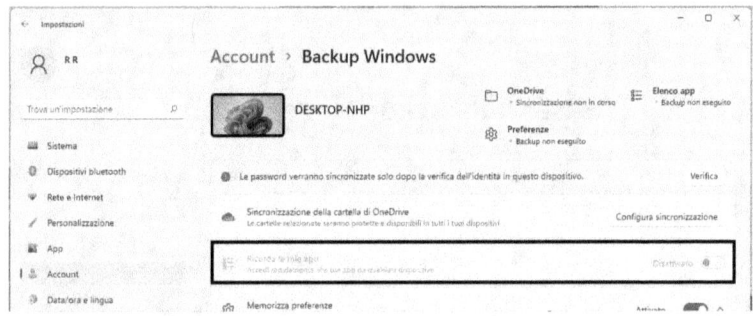

Nel terzo pannello, *Memorizza preferenze*, puoi settare password, lingue preferite e altre impostazioni:

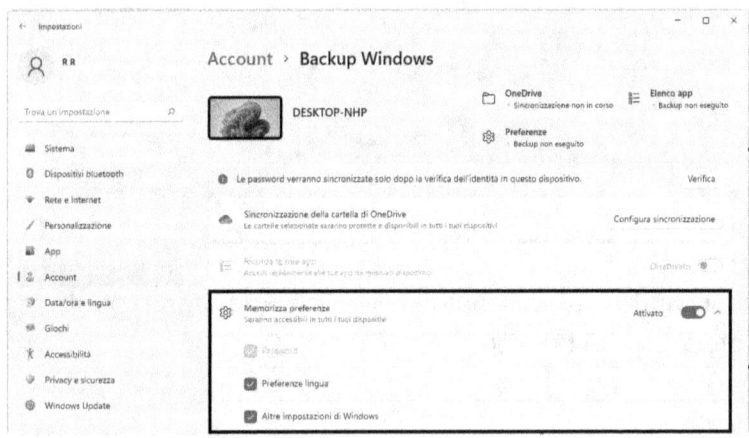

Sezione Data/ora e lingua

Anche la sezione Data/ora e lingua non presenta novità tranne che il pannello *Digitazione*, che in Windows 10 si trovava nella sezione Dispositivi:

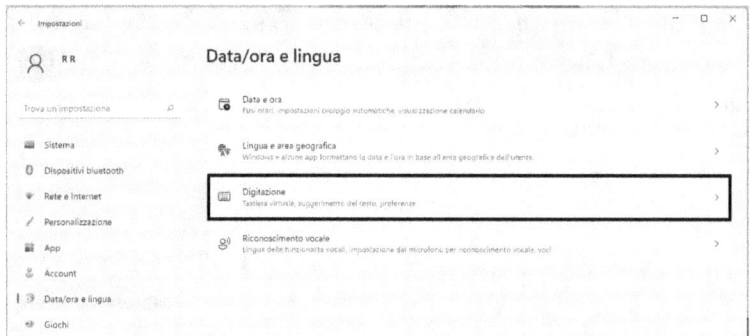

Sezione Accessibilità

Nella sezione accessibilità, fondamentalmente non ci sono novità. La sezione ospita vari pannelli tra cui: Dimensioni del testo, *Effetti visivi, Puntatore e tocco del mouse, Cursore di testo, Lente di ingrandimento, Filtri di colore, Temi a contrasto, Assistente vocale, Audio, Sottotitoli, Comandi vocali, Tastiera, Mouse e, Controllo ottico.*

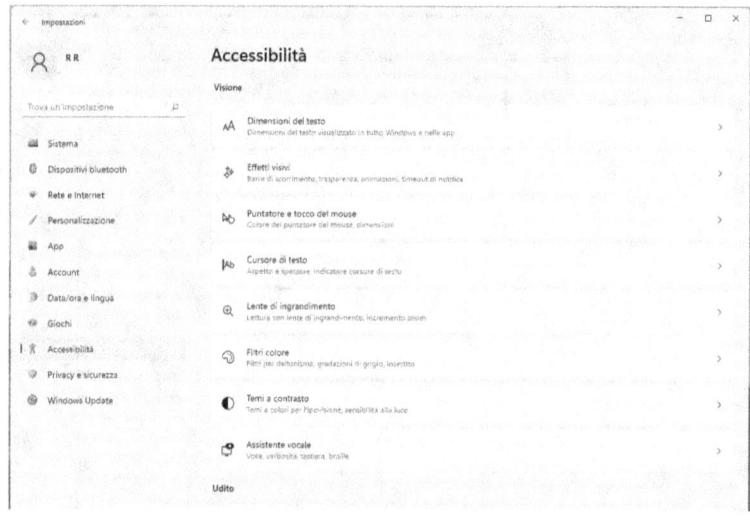

Sezione Privacy e sicurezza

Nella sezione *Privacy e sicurezza* (in Windows 10 la sezione era Privacy), il primo pannello in alto comprende le impostazioni di sicurezza, come ad esempio i settaggi del firewall, antivirus, browser, etc.
Nel secondo pannello, puoi configurare il tuo dispositivo per ritrovarlo in caso di furto o se lo perdi.
E poi il terzo pannello, partendo dall'alto, comprende funzioni riservate a chi si occupa di sviluppo.

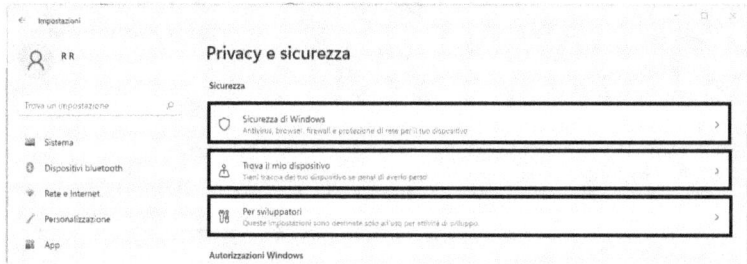

Troviamo due funzioni nuove; *Bordi screenshot* e *Screenshot e app*, che permettono di impostare i permessi per gli screenshot in base all'utente che si logga sulla macchina.
Puoi anche scegliere quale applicazione può acquisire screenshot.

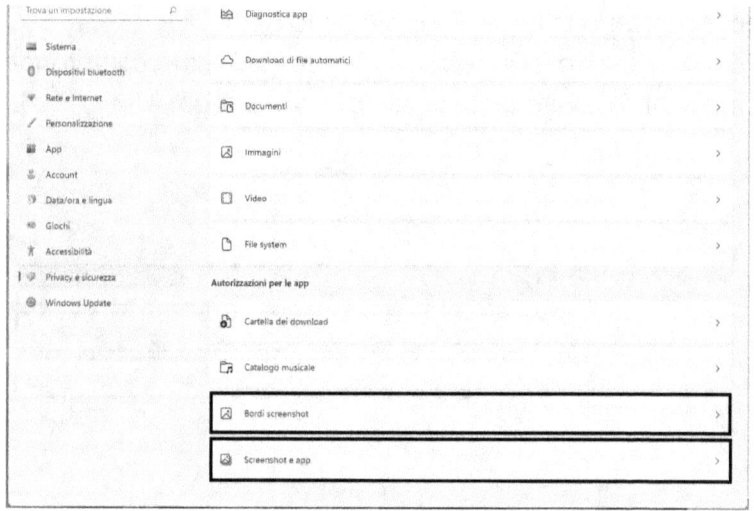

Di seguito la schermata *Bordi screenshot*:

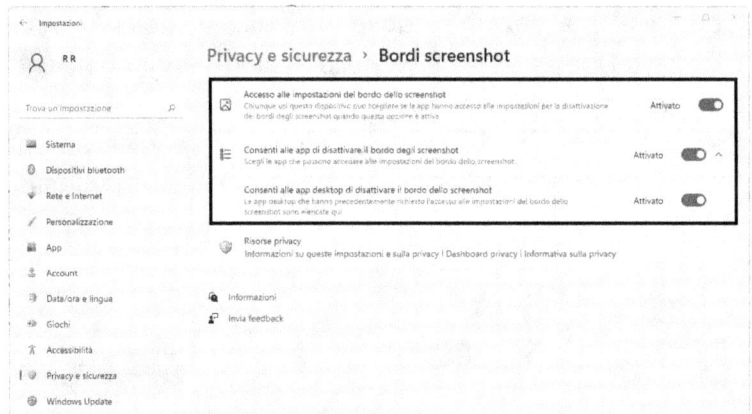

Di seguito la schermata *Screenshot e app*:

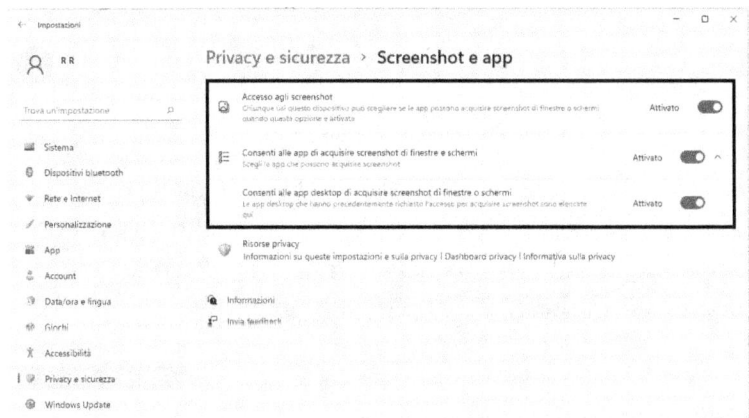

Sezione Windows Update

Questa è una sezione nuova e dedicata, poiché prima Windows Update si trovava nella sezione Aggiornamento e sicurezza (Windows 10).
Per verificare la disponibilità di nuovi aggiornamenti clicca il pulsante blu *Verifica disponibilità aggiornamenti*:

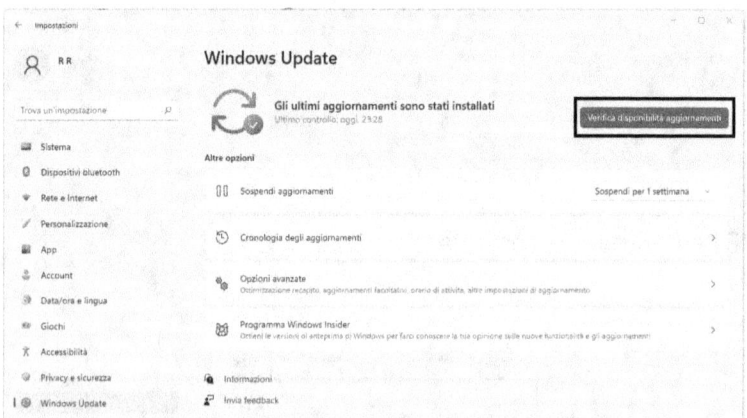

Una delle novità è che ora ti viene indicato anche il tempo stimato di installazione, quando scarichi un nuovo aggiornamento da installare (questa funzione però, è disponibile solo su PC che usano unità SSD).

In caso di aggiornamenti opzionali, ad esempio i driver, puoi visualizzarli cliccando sul pannello Ozpioni avanzate e poi su *Aggiornamenti facoltativi*.

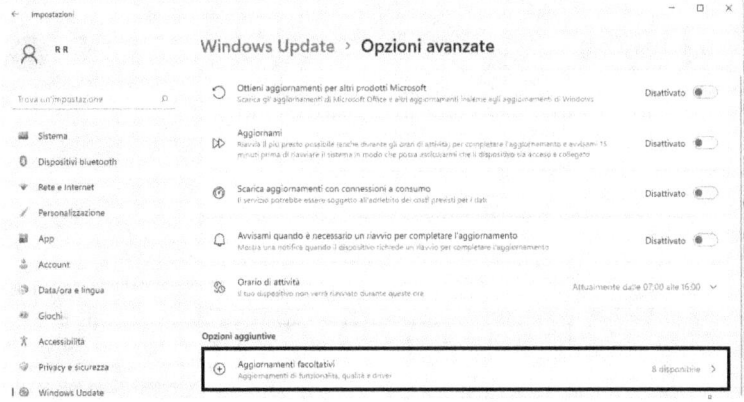

Se clicchi sul pannello *Opzioni avanzate* e poi su quello *Ripristino*, ti indirizza alle opzioni di ripristino per procedere alla riparazione o alla reinstallazione di Windows.

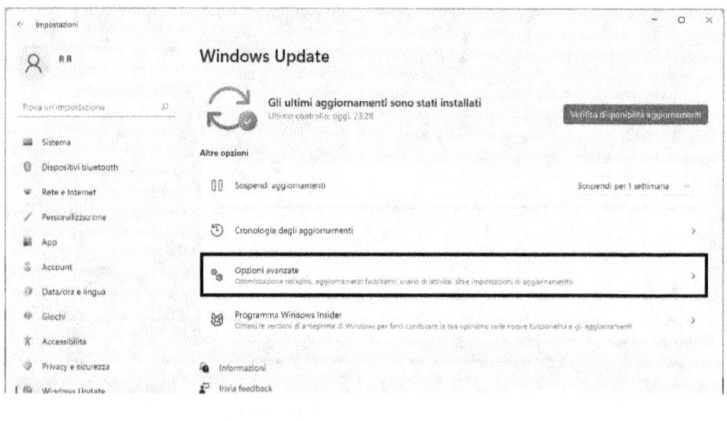

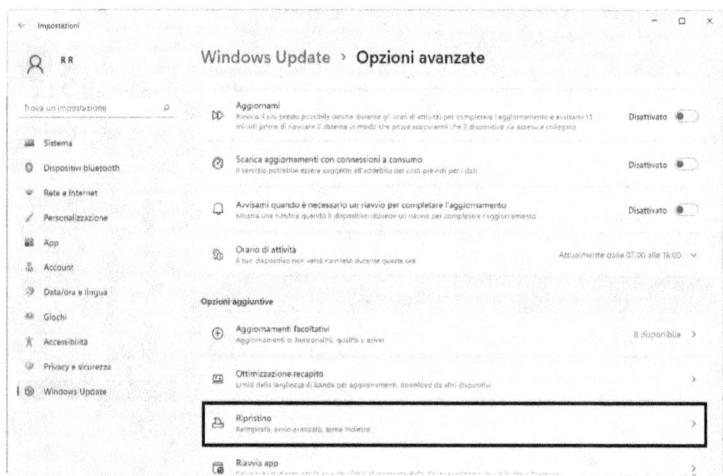

La scheda Ripristino è suddivisa in due parti:

La prima in alto, *Correggi i problemi senza ripristinare le impostazioni di fabbrica del PC*, prova a correggere le problematiche del PC in modo "più leggero" e senza ricorrere alla reinstallazione del sistema operativo.

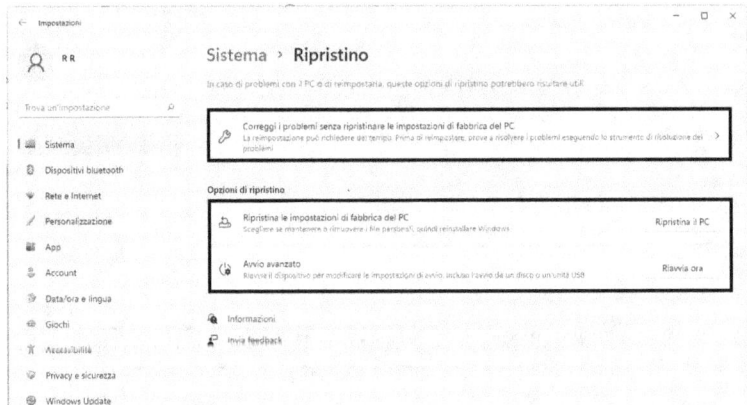

La prima delle altre due opzioni, *Ripristina le impostazioni di fabbrica del PC*, ti permette di ripristinare il PC scegliendo se mantenere o rimuovere i file personali.

La seconda opzione, *Avvio avanzato*, ti consente di riavviare il PC per modificare le impostazioni di boot, come ad esempio da un'unità DVD o un'unità USB.

Un'altra novità di Windows 11, sono i *Criteri di aggiornamento configurati*.

Cliccando sul pannello, puoi verificare se l'amministratore ha impostato dei criteri per l'aggiornamento delle policy, o se ad esempio hai aggiornato le policy di gruppo:

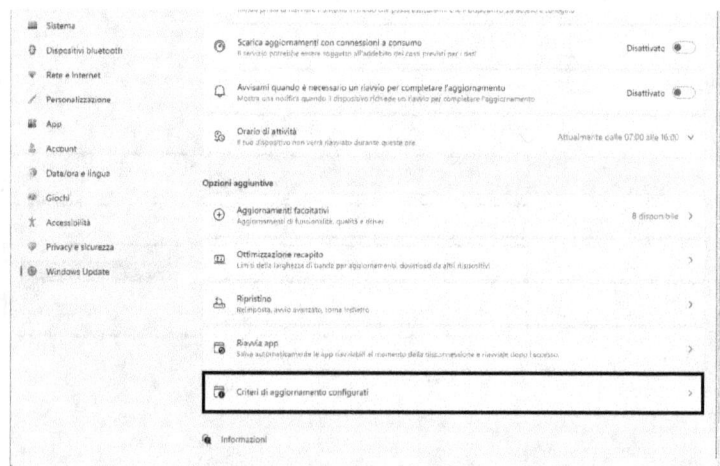

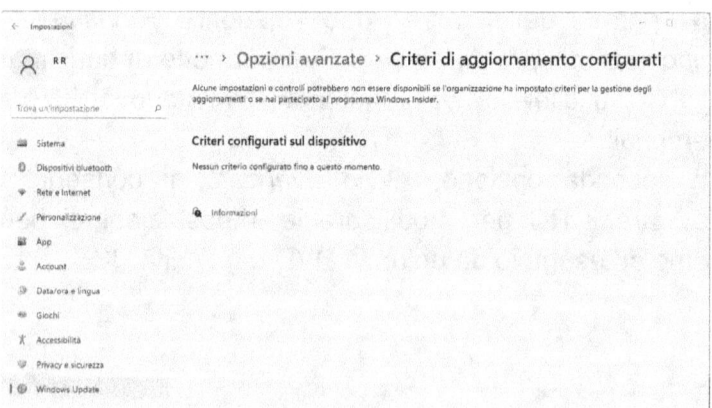

Ripristinare un'applicazione UWP con PowerShell

Con Windows 11 puoi resettare applicazioni UWP (Universal Windows Platform, piattaforma introdotta con Windows 10), che hanno smesso di funzionare correttamente, tramite un comando PowerShell.
Nell'esempio di seguito ho fatto il reset di Paint:

Get-AppxPackage *Paint* | Reset-AppxPackage

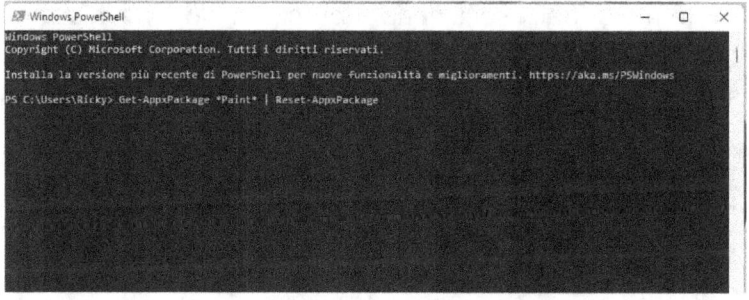

Premi invio dopo aver digitato il comando e l'applicazione sarà resettata:

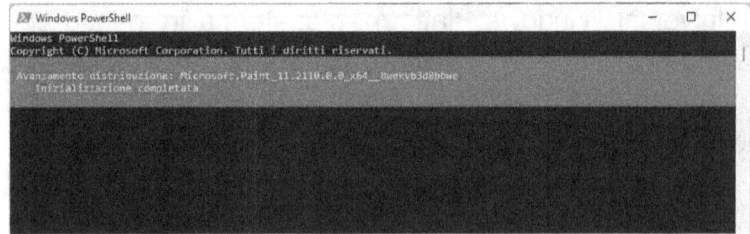

Al termine dell'esecuzione del comando, visualizzerai questa schermata:

A seconda dell'applicazione che vuoi ripristinare, dovrai modificare il nome dell'applicazione tra i due asterischi all'interno del comando:

es.
Per ripristinare Notepad:

Get-AppxPackage *Notepad* | Reset-AppxPackage

Per ripristinare la Calcolatrice:

Get-AppxPackage *Calc* | Reset-AppxPackage

Etc. etc. etc.

Questa è un'altra novità di Windows 11, ed è una funzione eseguibile anche tramite la schermata impostazioni, cliccando il pulsante *Ripristina,* nel pannello

Ripristina tutte le app predefinite, e poi su *OK* per completare l'operazione:

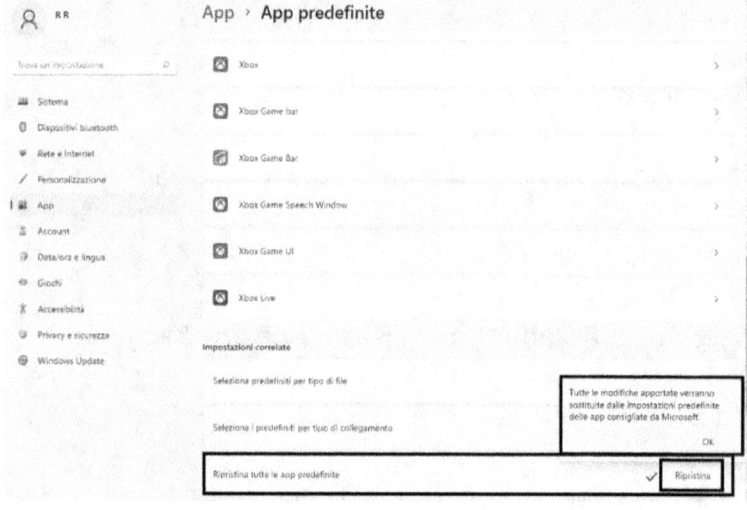

Compressione SMB

Nel 2007, in Germania per lavoro, ebbi la fortuna di poter frequentare un corso sugli Acceleratori di Reti WAN (o Network WAN Accelerators) allora poco conosciuti e poco diffusi per via del costo, a dir poco, esorbitante. Li utilizzavano pochissime società multinazionali, tra cui quella di una nota bibita gasata. Spiegato in maniera molto semplice, si trattava di due (o più) apparecchi fisici, installati in ciascuna delle sedi di nazioni diverse.

L'apparecchio "sorgente", aveva il compito di comprimere i pacchetti di dati prima che venissero trasmessi fuori dalla rete LAN aziendale verso la sede presente in un'altra nazione e/o continente, in modo da incrementare l'efficienza del trasferimento dei dati con diversi vantaggi; ridurre la latenza (cioè la riduzione del tempo che intercorre tra la richiesta di un'azione e la sua effettiva esecuzione), diminuzione della perdita di pacchetti di dati, maggiore velocità di trasferimento, poiché i pacchetti più piccoli "viaggiano" più velocemente e infine, l'ottimizzazione di una capacità di banda limitata (perché non tutti i tratti di rete sono efficienti, e nei tratti meno performanti, possono venire a crearsi delle congestioni che impattano negativamente sulle prestazioni di quel segmento di rete).

L'apparecchio di destinazione, presente nella sede remota dell'azienda, aveva il compito di ricevere i pacchetti, decomprimerli e renderli disponibili all'interno della rete LAN aziendale.

Windows 11, introduce (sebbene in scala molto più ridotta) lo stesso concetto sui PC con la compressione SMB.

Questa funzione, permette la trasmissione di file di grosse dimensioni senza doverli prima zippare con un'applicazione e successivamente decomprimerli una volta ricevuti.

Tutto ciò per rendere più veloci i trasferimenti di file, riducendo l'impiego della capacità di banda.

Vedrai la differenza nella velocità di trasferimento, utilizzando l'SMB su reti a basse prestazioni (1Gbps) o su adattatori Wi-Fi.

Tuttavia, in una comunicazione tra due macchine in rete, con interfacce di rete che trasmettono a una velocità di 100Gbps (o superiore) e che hanno unità disco SSD, potrebbe paradossalmente peggiorare le prestazioni; questo perché, trattandosi di un segmento di rete senza colli di bottiglia, il passaggio che fa l'SMB andrebbe a rallentarne il trasferimento dati.

Ipotizziamo di dover trasferire dati da un server, al nostro PC locale.

Possiamo creare un disco/cartella di rete, compresso/a in SMB e poi tramite riga di comando, utilizzando il comando Robocopy, aggiungere l'opzione /compress, in modo che il server provveda alla modifica prima dell'invio.

Di seguito, i passi da seguire:

Per prima cosa, ho creato una cartella condivisa (io ho utilizzato un secondo PC ma potrebbe anche essere un server) che ho nominato *Condivisione_Windows11*:

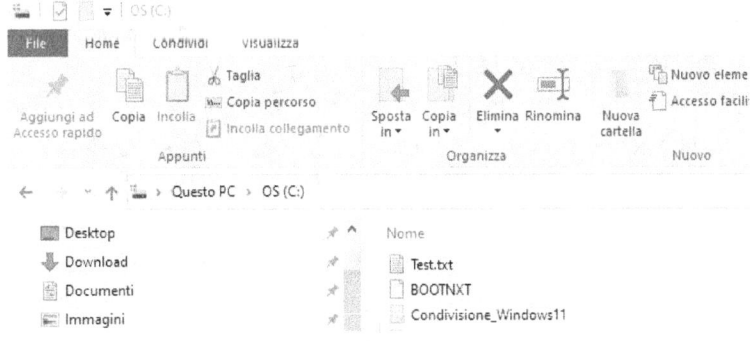

Dal Prompt dei comandi del PC con Windows 11 ho lanciato questo comando e ho premuto invio:

net use * \\192.168.1.17\Condivisione_Windows11 /requestcompression:yes

```
C:\Users\Ricky>net use * \\192.168.1.17\Condivisione_Windows11 /requestcompression:yes
Immettere il nome utente per '192.168.1.17': Ricky
Immettere la password per 192.168.1.17:
L'unità Y: è connessa a \\192.168.1.17\Condivisione_Windows11.

Esecuzione comando riuscita.
```

Analizziamo insieme il comando e il suo output.

L'asterisco indica che alla risorsa condivisa (cartella o disco di rete), sarà assegnata la prima lettera disponibile a partire dall'ultima (in questo caso Z: era già in uso e dunque il sistema ha assegnato Y:).

Poi ho indicato il percorso di rete; in questo caso l'indirizzo IP della macchina (192.168.1.17) e poi il nome della cartella condivisa (Condivisione_Windows11).

E per concludere, l'opzione per richiedere la compressione dei file (/requestcompression:yes).

Dopo aver premuto invio, il sistema mi ha chiesto di indicare il nome utente (cioè il nome con cui faccio il login sul PC e su cui ho creato la cartella condivisa) e poi la password.

Dopo aver digitato nome utente, password e aver premuto invio il comando ha restituito l'esito positivo e ha creato l'icona con la condivisione, sul pc con Windows 11:

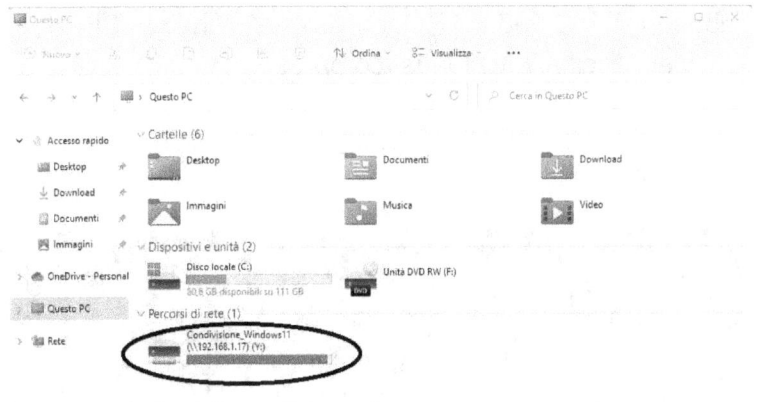

Per fare una copia rapida dei dati con la compressione SMB, dalla cartella condivisa al PC con Windows 11, puoi utilizzare il comando *Robocopy* dal prompt dei comandi:

robocopy \\192.168.1.17\Condivisione_Windows11 C:\Users\Ricky\Downloads /compress

Di seguito, l'output del comando:

```
C:\Users\Ricky>robocopy \\192.168.1.17\Condivisione_Windows11 C:\Users\Ricky\Downloads /compress
-------------------------------------------------------------------------------
   ROBOCOPY     ::     Copia di file efficace per Windows
-------------------------------------------------------------------------------

  Avviato: lunedì 1 novembre 2021 22:32:10
     Origine : \\192.168.1.17\Condivisione_Windows11\
 Destinazione : C:\Users\Ricky\Downloads\

        File: *.*

     Opzioni: *.* /DCOPY:DA /COPY:DAT /COMPRESS /R:1000000 /W:30

------------------------------------------------------------------------------

                           1    \\192.168.1.17\Condivisione_Windows11\
        *File supplementare          282        desktop.ini
           Nuovo file             0        Test.txt

------------------------------------------------------------------------------

                Totale    Copiato   Ignorate Non corrispondenti Non riuscita Supplementari
   Directory:        1          0          1          0          0          0
        File:        1          1          0          0          0          1
        Byte:        0          0          0          0          0        282
      Durata:  0:00:00    0:00:00                       0:00:00    0:00:00
   Terminato: lunedì 1 novembre 2021 22:32:10

C:\Users\Ricky>
```

Analizzando il comando robocopy, ho indicato il percorso di rete della cartella condivisa(\\192.168.1.17\Condivisione_Windows11), poi il percorso di destinazione dei file e cioè il PC con Windows 11 (C:\Users\Ricky\Downloads), e al termine l'opzione per la compressione SMB (/compress)

Installazione di Linux WSL (Sottosistema Windows per Linux)

Windows 11 ti da la possibilità di installare Linux senza bisogno di creare una virtual machine e una volta installato, risulterà nell'elenco delle applicazioni con cui nasce Windows.

Dunque ora puoi utilizzare Linux senza dover cambiare PC o dover avviare la virtual machine.

Lo scopo di avere a disposizione Linux è per motivi di test e sviluppo delle applicazioni ma puoi comunque utilizzarlo per quello che ti va.

IMPORTANTE: se hai già salvato dati sul PC, assicurati di averli copiati anche su un'unità esterna per evitare il rischio di perderli in caso di problemi.

Per l'installazione del sottosistema Windows per Linux (o Windows Subsystem for Linux), ti occorre che il PC sia connesso ad internet e poi lanciare il comando *wsl -- install* dal prompt dei comandi eseguito in modalità amministratore:

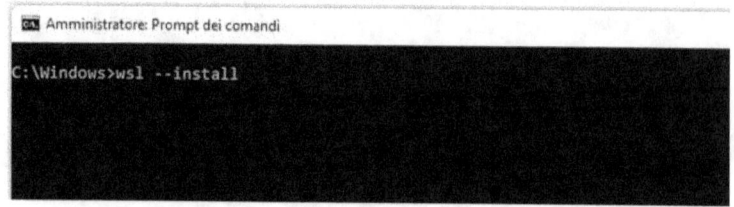

Di seguito l'output del comando durante il processo di installazione:

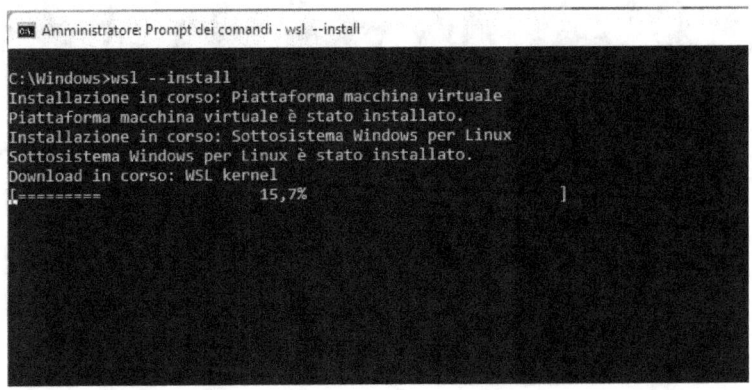

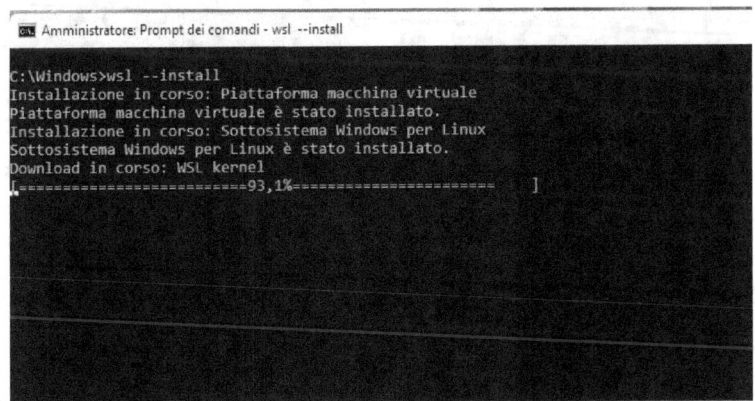

```
C:\Windows>wsl --install
Installazione in corso: Piattaforma macchina virtuale
Piattaforma macchina virtuale è stato installato.
Installazione in corso: Sottosistema Windows per Linux
Sottosistema Windows per Linux è stato installato.
Download in corso: WSL kernel
Installazione in corso: WSL kernel
WSL kernel è stato installato.
Download in corso: Supporto app GUI
Installazione in corso: Supporto app GUI
Supporto app GUI è stato installato.
Download in corso: Ubuntu
L'operazione richiesta è stata eseguita. Le modifiche avranno effetto al riavvio del sistema.

C:\Windows>
```

Terminata l'installazione del Supporto app GUI, il sistema ti chiederà di riavviare il PC, per poi riprendere la procedura di installazione dopo il riavvio:

```
C:\Windows\System32\wsl.exe
Il sottosistema Windows per Linux sta riprendendo un'installazione precedente...
Installazione in corso: Ubuntu
```

IMPORTANTE: come indicato anche a pagina 41, poiché si tratta di un'installazione, alcuni PC, potrebbero iniziare un aggiornamento firmware una volta terminata la procedura di installazione e riavvio... per questo motivo, fai molta attenzione che non manchi la corrente (se stai usando un portatile, collega l'alimentatore alla presa di corrente) e non toccare nessun tasto (a meno che non ti compaia un messaggio sullo schermo, in cui ti viene richiesto di premere un tasto in particolare) per evitare di interrompere la procedura, danneggiando gravemente il tuo PC!
L'aggiornamento firmware, potrebbe non manifestarsi, così come potrebbe partire solo al termine dell'installazione di Windows o di quella di Linux e viceversa.

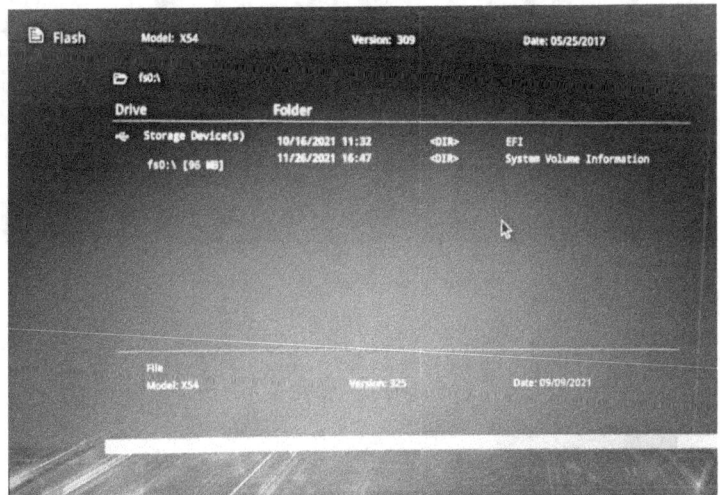

Terminata l'installazione della distro, il sistema ti chiederà di inserire un nome utente e una password per creare appunto l'utente:

```
adduser@DESKTOP-NHP
Enter new UNIX username: adduser Ricky
New password:
Retype new password:
passwd: password updated successfully
Installation successful!
To run a command as administrator (user "root"), use "sudo <command>".
See "man sudo_root" for details.

Welcome to Ubuntu 20.04 LTS (GNU/Linux 5.10.16.3-microsoft-standard-WSL2 x86_64)

 * Documentation:  https://help.ubuntu.com
 * Management:     https://landscape.canonical.com
 * Support:        https://ubuntu.com/advantage

  System information as of Mon Nov  1 02:53:47 CET 2021

  System load:  0.11                Processes:             8
  Usage of /:   0.4% of 250.98GB    Users logged in:       0
  Memory usage: 3%                  IPv4 address for eth0: 172.23.46.239
  Swap usage:   0%

0 updates can be installed immediately.
0 of these updates are security updates.

The list of available updates is more than a week old.
To check for new updates run: sudo apt update

This message is shown once once a day. To disable it please create the
```

Per verificare la disponibilità di aggiornamenti, puoi utilizzare il comando **wsl --update**, sempre dal prompt dei comandi in modalità amministratore.
Di seguito l'output del comando:

```
Amministratore: Prompt dei comandi
C:\Windows\system32>wsl --update
Ricerca aggiornamenti in corso...
Download degli aggiornamenti in corso...
Installazione degli aggiornamenti in corso...
```

Al termine dell'installazione degli aggiornamenti, il sistema ti chiederà di riavviare:

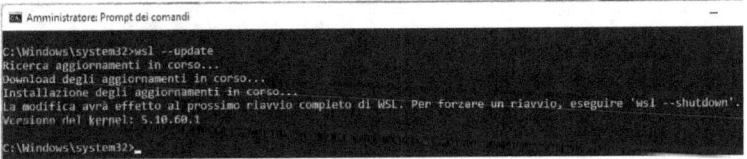

Potrai utilizzare periodicamente il comando *wsl --update*, per verificare la disponibilità di aggiornamenti, oppure abilitare l'impostazione di Windows Update: "Ottieni aggiornamenti per altri prodotti Microsoft".

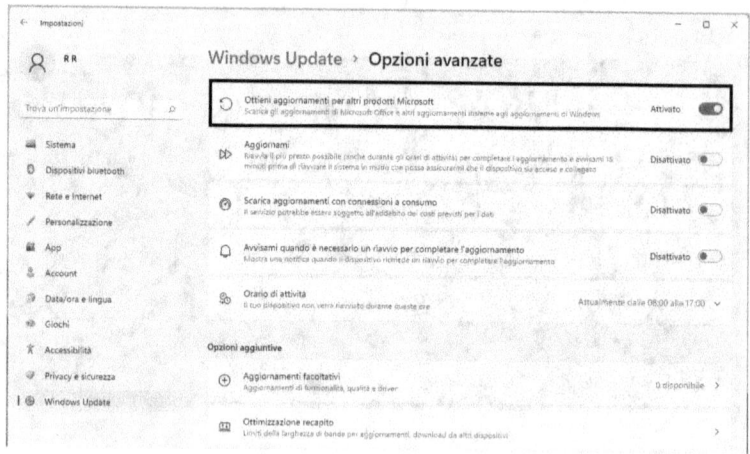

Per altre informazioni, e risoluzione dei problemi visita https://aka.ms/wsl2kernel.

Capitolo IV: Il Prompt dei comandi

L'interfaccia GUI (*Graphical User Interface*) ha reso più semplice l'utilizzo dei PC migliorando l'esperienza di tutti gli utenti con rappresentazioni grafiche e icone colorate, eliminando il bisogno di ricordare a memoria comandi da digitare nella finestra nera del prompt.

Tuttavia, ci sono situazioni in cui l'interfaccia a riga di comando (*CLI – Command Line Interface*), è il modo più rapido per svolgere un compito e in alcuni casi è l'unico modo; infatti, alcune funzionalità non sono disponibili in modalità GUI.

Per questo motivo Microsoft non ha mai abbandonato il prompt dei comandi, che è stato sempre presente in tutte le versioni di Windows.

Nel corso degli anni, col susseguirsi delle versioni di Windows, son stati resi disponibili nuovi comandi in sostituzione di altri deprecati e dismessi via via, poiché non più adatti all'evoluzione dei nuovi sistemi operativi. Anche Windows 11 non fa eccezione, ed è accompagnato dal prompt dei comandi (che abbiamo già utilizzato nei capitoli precedenti).

Nonostante utilizzare la riga di comando ai giorni nostri, possa sembrarti anacronistico, ha alcuni vantaggi.

Innanzitutto, ti fa capire come funziona Windows e ti offre il vantaggio di risparmiare tempo quando devi svolgere dei task che altrimenti richiederebbero innumerevoli click attraverso una serie di finestre senza fine.

Usare la riga di comando: i comandi base

La riga di comando ha tanti pregi; è semplice, precisa, veloce.
Scrivi il comando dove lampeggia il cursore, premi invio, e in un attimo tutto viene eseguito e completato con il cursore che lampeggia nuovamente al termine dell'output del comando appena eseguito, pronto per riceverne un altro.
Puoi avviare il prompt in tanti modi:

- Premi il tasto con il logo di Windows ⊞ + R
- scrivi cmd e clicca su OK

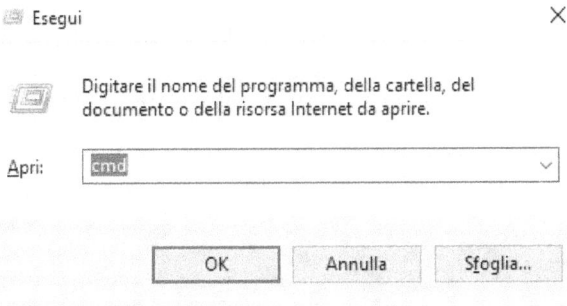

Oppure, clicca sull'icona con la lente d'ingrandimento, scrivi cmd e premi invio.

E ancora, apri una finestra *Esplora file*, scrivi cmd nel campo di ricerca e premi invio:

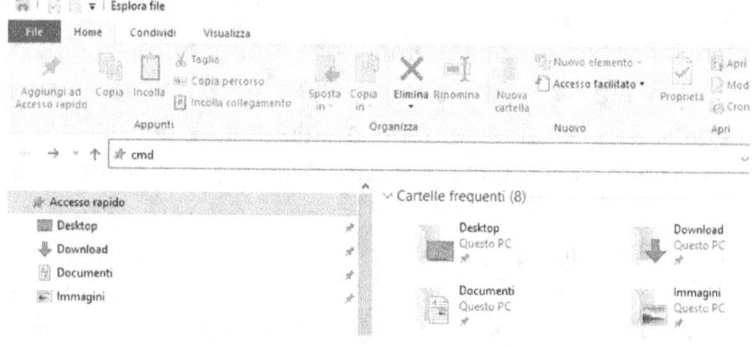

Combinazione di tasti ctrl + C per interrompere l'esecuzione di un comando

Ciascun comando può essere interrotto tramite la combinazione di tasti *ctrl + C*.
Se non hai eseguito un comando premendo invio sulla tastiera, non hai bisogno di utilizzarlo, puoi semplicemente cancellare il comando e digitarne un altro.

Comando cls

Dopo aver eseguito un comando, per pulire la schermata dall'output generato dal comando puoi utilizzare il comando *cls* (clear screen).
Dopo aver premuto il tasto invio, la schermata tornerà nuovamente pulita e pronta per nuovi comandi:

Questo comando, ti è utile per "riordinare" la schermata del prompt quando inizia ad essere troppo popolata di scritte, che potrebbero confonderti e/o farti perdere tempo creando confusione.

Come ripetere un comando digitato precedentemente

Se hai già scritto un comando e non vuoi perdere tempo a riscriverlo, puoi richiamarlo premendo il tasto "freccia su" nella tastiera:

Siccome il prompt mantiene in memoria tutto lo storico dei comandi digitati ed eseguiti finchè non viene chiuso, dovrai premere il tasto "freccia su" più volte, sino a visualizzare il comando che ti interessa.

Se per sbaglio superi il comando che ti interessava, puoi tornare indietro premendo il tasto "freccia giù":

Esplorare files e directories (cartelle)

Il comando *dir*, ti consente di visualizzare il contenuto presente nella directory corrente.
Nell' esempio di seguito, è visualizzato il contenuto presente all'interno della cartella "Users":

```
C:\Users>dir
 Il volume nell'unità C è OS
 Numero di serie del volume: 6927-F0E7

 Directory di C:\Users

22/11/2020  02:17    <DIR>          .
22/11/2020  02:17    <DIR>          ..
22/11/2020  02:13    <DIR>          Public
18/03/2021  03:13    <DIR>          Ricky
               0 File              0 byte
               4 Directory  74.899.419.136 byte disponibili
```

Se vuoi spostarti in una cartella presente all'interno di una directory (ad esempio su "Public"), puoi utilizzare il comando *cd* (acronimo di *change directory*) lasciando uno spazio vuoto, scrivendo Public e premendo invio:

```
C:\Users>cd Public

C:\Users\Public>
```

Per visualizzare il contenuto della cartella Public, puoi digitare il comando *dir* e premere il tasto invio:

```
C:\WINDOWS\system32\cmd.exe                                            -  □  ×
C:\Users>cd Public

C:\Users\Public>dir
 Il volume nell'unità C è OS
 Numero di serie del volume: 6927-F0E7

 Directory di C:\Users\Public

22/11/2020  02:13    <DIR>          .
22/11/2020  02:13    <DIR>          ..
22/11/2020  02:13    <DIR>          Documents
29/09/2017  14:46    <DIR>          Downloads
29/09/2017  14:46    <DIR>          Music
04/02/2021  12:01             8.192 ntuser.dat
29/09/2017  14:46    <DIR>          Pictures
29/09/2017  14:46    <DIR>          Videos
               1 File          8.192 byte
               7 Directory  74.894.712.832 byte disponibili
```

Se vuoi creare una cartella all'interno di "Public" puoi scrivere il comando *md* (acronimo di make directory).

Nell'esempio di seguito ho creato la cartella svago:

```
C:\Users\Public>md svago

C:\Users\Public>dir
 Il volume nell'unità C è OS
 Numero di serie del volume: 6927-F0E7

 Directory di C:\Users\Public

20/03/2021  16:17    <DIR>          .
20/03/2021  16:17    <DIR>          ..
22/11/2020  02:13    <DIR>          Documents
29/09/2017  14:46    <DIR>          Downloads
29/09/2017  14:46    <DIR>          Music
04/02/2021  12:01             8.192 ntuser.dat
29/09/2017  14:46    <DIR>          Pictures
20/03/2021  16:17    <DIR>          svago
29/09/2017  14:46    <DIR>          Videos
               1 File          8.192 byte
               8 Directory  74.887.331.840 byte disponibili
```

Se vuoi "salire" di una directory (ad esempio, qui ci troviamo all'interno della cartella Public e vogliamo spostarci nella cartella Users che contiene la cartella Public), puoi utilizzare il comando *cd..* (cd punto punto).

Il "punto punto" indica la cartella che contiene la cartella corrente:

Comandi rapidi

Di seguito un elenco di comandi "scorciatoia GUI" utilizzabili dal prompt dei comandi per avere un accesso più rapido alla configurazione/visualizzazione.

Disinstallare/modificare programma.......	appwiz.cpl
Impostazioni schermo.........................	desk.cpl
Proprietà mouse.................................	main.cpl
Connessioni di rete............................	ncpa.cpl
Opzioni di risparmio energia................	powercfg.cpl
Data e ora...	timedate.cpl
Proprietà di sistema...........................	sysdm.cpl
Audio..	mmsys.cpl
Area geografica e lingua.....................	intl.cpl
Windows Defender Firewall.................	firewall.cpl
Dispositivi e stampanti........................	control printers
Opzioni esplora file............................	control folders
Performance monitor..........................	perfmon
Configurazione di sistema...................	msconfig
Versione di Windows..........................	winver
Informazioni di sistema.......................	msinfo32
Connessione desktop remoto...............	mstsc
Editor del Registro di sistema..............	regedit
Visualizzatore eventi..........................	eventvwr
Servizi...	services.msc
Gestione periferiche...........................	devmgmt.msc
	oppure hdwwiz.cpl
Gestione disco..................................	diskmgmt.msc

L'elenco dei comandi nella pagina precedente ti farà risparmiare tempo, soprattutto se ti occupi di assistenza tecnica e devi guidare un utente durante una conversazione telefonica, oppure se devi settare delle impostazioni su un pc e non ricordi tutti i passaggi dell'interfaccia grafica o non vuoi perdere tempo a cercare i vari menu per raggiungere la schermata delle impostazioni che ti interessa.

Digitando nella finestra del prompt il comando che ti serve e premendo invio sulla tastiera, ti comparirà la relativa finestra (come se fosse un pop-up) e potrai effettuare immediatamente le configurazioni che ti interessano.

Utility DiskUsage

DiskUsage è un'utility che è stata introdotta con Windows 11; ti permette di verificare rapidamente il contenuto di un'unità disco o di una singola cartella.
Per eseguire il comando DiskUsage, è necessario eseguire il prompt dei comandi come amministratore.
Di seguito, un estratto dell'output del comando:

```
C:\Windows\system32>diskusage
    SizeOnDisk         File  Percorso directory
             0            0  C:\Windows\system32\0409
             0            0  C:\Windows\system32\AdvancedInstallers
             0            0  C:\Windows\system32\AppLocker
             0            0  C:\Windows\system32\appraiser
       294.912            2  C:\Windows\system32\AppV
       307.200           11  C:\Windows\system32\ar-SA
       282.624            9  C:\Windows\system32\bg-BG
       122.880            4  C:\Windows\system32\Boot\lt-IT
     7.176.192            8  C:\Windows\system32\Boot
             0            1  C:\Windows\system32\Bthprops
       176.128            7  C:\Windows\system32\ca-ES
             0            0  C:\Windows\system32\CatRoot\{127D0A1D-4EF2-11D1-8608-00C04FC295EE}
    45.420.544        2.104  C:\Windows\system32\CatRoot\{F750E6C3-38EE-11D1-85E5-00C04FC295EE}
    46.469.120        2.104  C:\Windows\system32\CatRoot
       212.992            2  C:\Windows\system32\catroot2\{127D0A1D-4EF2-11D1-8608-00C04FC295EE}
    41.959.424            2  C:\Windows\system32\catroot2\{F750E6C3-38EE-11D1-85E5-00C04FC295EE}
    42.254.336            5  C:\Windows\system32\catroot2
             0            0  C:\Windows\system32\CodeIntegrity\CiPolicies\Active
             0            0  C:\Windows\system32\CodeIntegrity\CiPolicies\Internal
             0            0  C:\Windows\system32\CodeIntegrity\CiPolicies\staged
```

Questa utility, può esserti utile quando devi liberare spazio sul PC.

Capitolo V: Il Registro di sistema

All'inizio del libro, per aggirare i controlli in fase di installazione e installare Windows 11 su un PC non supportato, abbiamo fatto alcune modifiche al Registro di sistema.
Ma cos'è il registro di sistema?
Il Registro di sistema è un database che contiene tutti i settaggi di Windows e della macchina. Quando installi un'applicazione, aggiungi una periferica o cambi un'impostazione nel pannello di controllo, Windows scrive e archivia le modifiche nel Registro di sistema.
Anche i virus, sono compilati in modo da modificare il registro di sistema a cui possono essere applicate varie opzioni; ad esempio, possono essere eseguiti all'avvio del PC o quando l'utente avvia un'applicazione in particolare.
Sebbene il Registro di sistema sia archiviato in vari settori e cartelle dell'hard disk, è rappresentato nell'Editor del registro di sistema con una struttura gerarchica simile a quella di Esplora file (che ti permette di "navigare" all'interno di file e cartelle nella tua unità disco).

Per accedere all'Editor del Registro di sistema, procedi come indicato:

- Premi il tasto con il logo di Windows ⊞ + R
- scrivi regedit e clicca su OK

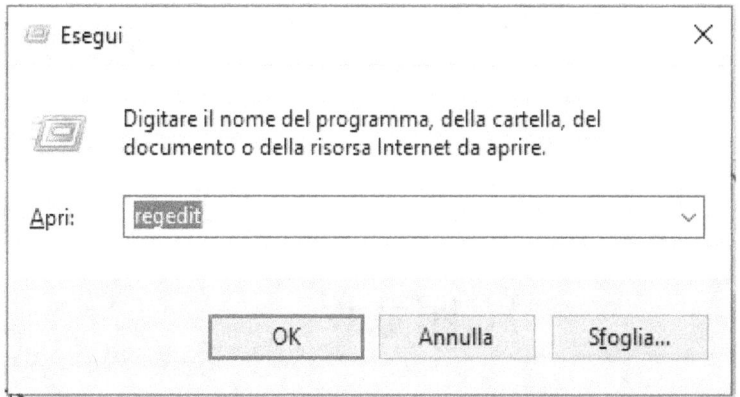

L'interfaccia grafica dell'Editor del Registro di sistema è divisa in due colonne; quella a sinistra mostra la configurazione ad albero delle cartelle e la colonna a destra mostra il contenuto della cartella selezionata nella colonna a sinistra.

Di seguito la schermata dell'Editor del Registro di sistema:

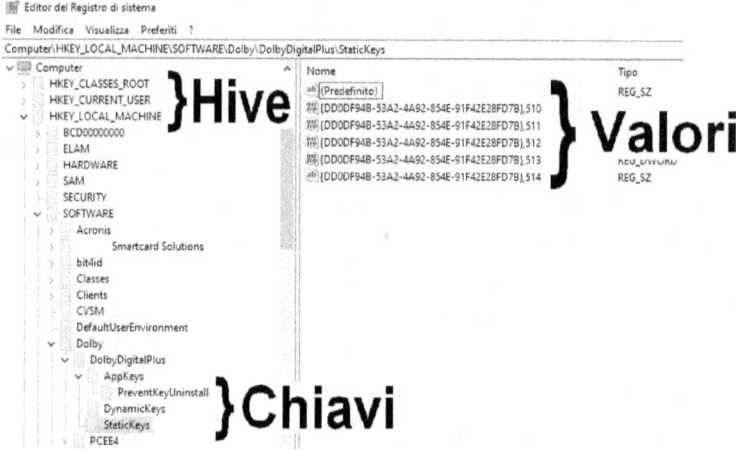

Fai attenzione a non confondere il Registro di sistema con l'Editor del Registro di sistema; l'Editor è soltanto un'applicazione che permette di intervenire e fare verifiche sulla configurazione del Registro di sistema.

Struttura del registro di sistema

Il registro di sistema è composto da cinque file Hive (letteralmente "alveari", poiché la loro struttura richiama quella degli alveari a cellette).

Questi cinque file non possono essere eliminati o modificati in nessun modo, perché rappresentano la base dell'organizzazione del registro.

Vediamo una breve descrizione di ciascuno:

HKEY_CLASSES_ROOT

Spesso abbreviato con *HKCR*, è il primo hive partendo dall'alto all'interno dell'editor del registro.

Contiene le informazioni dell'estensione dei file, il ProgID (programmatic identifier), stringa che rappresenta il CLSID sottostante (Class ID appunto) e dati dell'interfaccia ID (IID).

In breve, questo hive di registro, contiene le informazioni per far capire a Windows cosa deve fare quando gli chiedi qualcosa.

Ad esempio, tramite l'associazione dell'estensione del file .doc con il programma che può aprirlo, il sistema operativo capisce che per aprire un file con estensione .doc gli occorre avviare Microsoft Word.

HKEY_CURRENT_USER

Questo è il secondo hive partendo dall'alto ed è spesso abbreviato con *HKCU*.
Contiene le informazioni di configurazione per Windows e i software dell'utente attualmente loggato sul sistema (utente corrente) tra cui lo sfondo del desktop, il layout della tastiera, la configurazione di rete, le stampanti, le unità di rete mappate e altro.
Molte delle impostazioni configurate nel pannello di controllo, sono archiviate in questo hive del registro.

HKEY_LOCAL_MACHINE

Il terzo hive dell'elenco, abbreviato con *HKLM*, contiene le informazioni sulla configurazione hardware e software installati sulla macchina; in questo caso non è riferito al singolo utente ma a tutta la macchina e quindi sono valide per qualsiasi utente sia loggato sul PC.
Tra le altre informazioni, puoi trovare i driver delle periferiche e la configurazione di Boot presente nel BIOS.

HKEY_USERS

Puoi trovarlo a volte abbreviato con *HKU,* è simile al secondo hive *HKEY_CURRENT_USER* con la differenza che HKEY_USERS tiene archiviate le informazioni di tutti gli utenti attivi sul computer e non solo quelle dell'utente attualmente loggato sulla macchina come *HKCU.* Ogni modifica che fai in questo hive, può impattare l'hive HKCU e viceversa.

HKEY_CURRENT_CONFIG

Il quinto ed ultimo hive, che a volte trovi abbreviato con *HKCC* solitamente contiene una piccola quantità di informazioni.

In pratica è un collegamento diretto (o se preferisci una scorciatoia) per accedere allo stesso percorso hive e chiave di registro di seguito:

HKEY_LOCAL_MACHINE\SYSTEM\CurrentControlSet\ Hardware\Profiles\Current\

Qualsiasi configurazione tu faccia su una chiave, viene replicata automaticamente anche nell'altra. HKEY_CURRENT_CONFIG rappresenta soltanto un modo più rapido per accedere alla configurazione.

Chiavi e Valori

Per non fare confusione, bisogna ricordare che soltanto i valori possono contenere dati.
Le chiavi, sono utilizzate soltanto per organizzare i valori.
Ogni chiave, contiene un valore di default (Predefinito).
Se il valore predefinito non contiene dati, leggerai "valore non impostato":

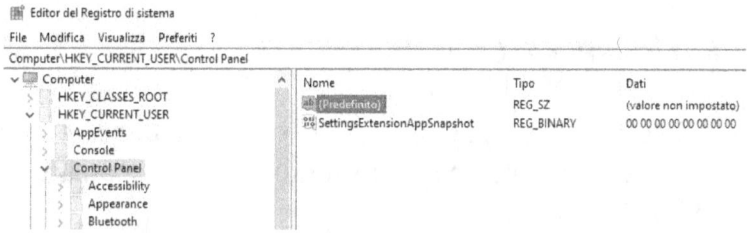

Se una chiave contiene altri valori, li troverai elencati sotto quello "Predefinito".

Esistono in tutto sei tipi di valore:

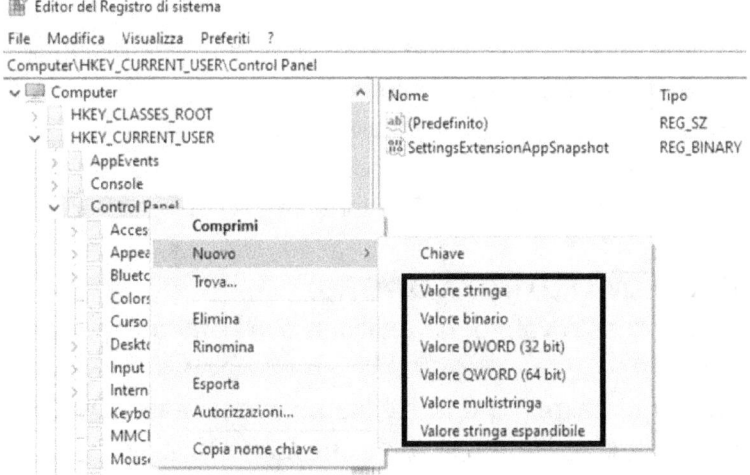

Valore stringa (REG_SZ):
Ha un'icona con due lettere rosse "ab" può contenere lettere numeri e simboli ed è spesso utilizzato per indicare nomi e descrizioni delle impostazioni dei programmi.

Valore binario (REG_BINARY):
Ha un'icona con numeri 0 e 1 scritti in blu.
Indica, come suggerisce il nome, un valore binario costituito esclusivamente dai valori 0 e 1.
Può rappresentare il settaggio di una periferica hardware o di un software.

Valore DWORD (REG_DWORD):
Anche questo valore, ha un'icona con numeri 0 e 1 scritti in blu.
Il contenuto di un valore DWORD è facilmente comprensibile poiché simile a quello di un interruttore, in cui 0 indica spento e 1 indica acceso.
Si usa per attivare o disattivare impostazioni (ad esempio su un programma o una funzionalità).

Valore QWORD (REG_QWORD):
Anche questo valore, ha un'icona con numeri 0 e 1 scritti in blu.
Fondamentalmente è la stessa cosa del valore DWORD con un'unica differenza; il valore QWORD è un valore a 64 bit, mentre il DWORD è un valore a 32 bit.
Il motivo per cui un'applicazione possa creare un valore DWORD (32 bit) e l'altra un valore QWORD (64) non c'entra niente col fatto che la versione di Windows sia a 32 o 64 bit.
La differenza è data semplicemente dalla lunghezza in bit del valore.
Concludendo, puoi avere entrambi i tipi di valori di registro sia su sistemi operativi a 32 bit che su sistemi operativi a 64bit.

Valore multistringa (REG_MULTI_SZ)

Ha un'icona con due lettere rosse "ab".

Il valore multistringa è simile al valore stringa, ma contiene diverse stringhe (di solito rappresenta una lista di qualche tipo).

Lo strumento di deframmentazione del disco utilizza un valore multistringa e puoi vederlo in questo percorso:

Computer\HKEY_LOCAL_MACHINE\SYSTEM\CurrentControlSet\Services\defragsvc

Poi doppio clic su RequiredPrivileges nel pannello a destra:

ab ObjectName	REG_SZ
ab RequiredPrivileges	REG_MULTI_SZ
011 ServiceSidType	REG_DWORD

Ed ecco la lista di stringhe:

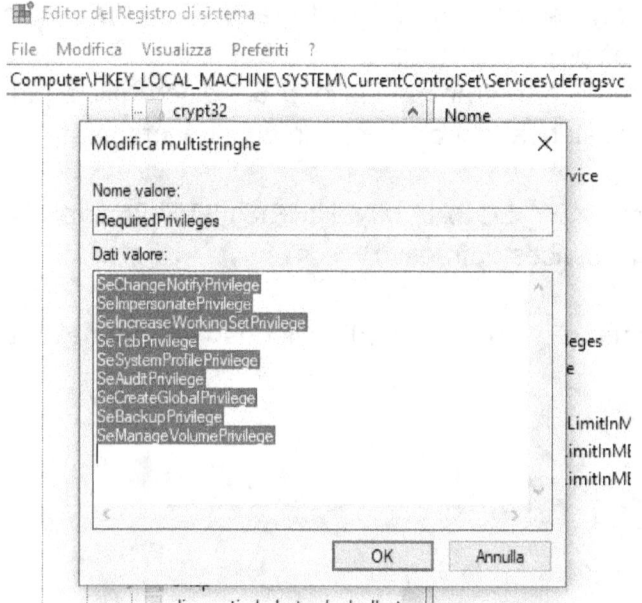

Valore stringa espandibile (REG_EXPAND_SZ)

Anche questo valore ha un'icona con due lettere rosse "ab".

Il valore stringa espandibile è come tutti quelli elencati finora, tranne che per il fatto che contiene variabili.

Quando questi valori di registro sono richiamati da Windows i valori si espandono fino a quanto previsto dalla variabile.

Fare il backup del Registro di sistema

Dal momento che il registro di sistema è una parte fondamentale di Windows, se venisse corrotto o danneggiato, il sistema operativo potrebbe manifestare malfunzionamenti.
Ti suggerisco di fare un backup del registro periodicamente, in modo da poterlo ripristinare velocemente in caso di "incidenti"...!

Clicca semplicemente su File e poi su Esporta, e assegna il nome al file per creare una copia del registro in un file .reg:

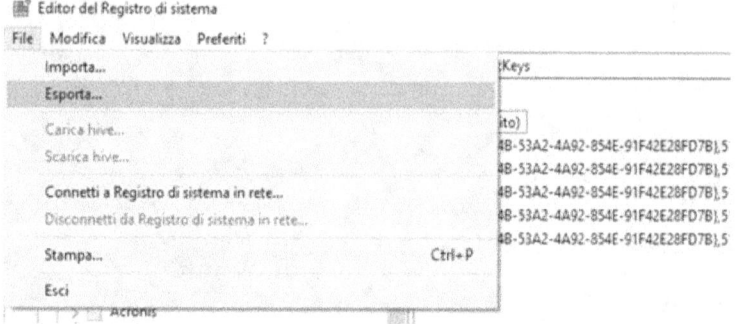

In caso di malfuzionamenti a seguito di una modifica apportata al registro di sistema, procedi come segue per ripristinare il funzionamento corretto.

Clicca su File e poi su Importa, seleziona il file .reg da importare:

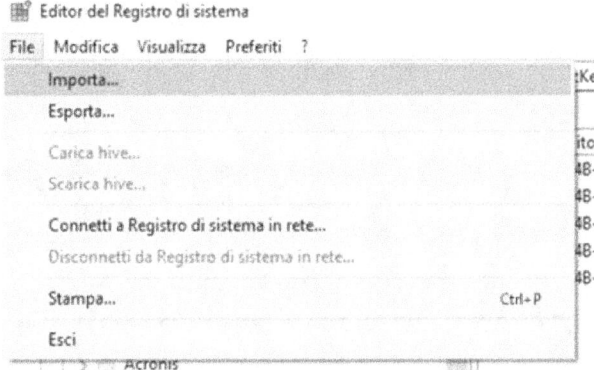

Copyright © 2021 Riccardo Ruggiu
Tutti i diritti riservati

Dello stesso autore:

- Stupidario tecnico: 101 frasi dette dai clienti all'Help Desk

- Come cercare e ottenere un lavoro: manuale per il successo

- How to look for and get a job: manual for success (Versione in inglese)

- How to buy high fidelity: bring quality audio into your home (Solo in inglese)

- The ultimate guide for speeding up your pc: go faster! Expert tips for top performances pc (Solo in inglese)

- Windows 10 al Top!: Trucchi e strumenti per sbloccare il potenziale del tuo pc Windows

- Windows 10 da riga di comando: Guida rapida alla command-line di Windows

  Windows 10 at the command-line: Quick reference guide to Windows 10's command-line (Versione in inglese)

- Windows 10 da riga di comando Part II: Guida rapida alla command-line di Windows

Windows 10 at the command-line Part II:
Quick reference guide to Windows 10's
command-line (Versione in inglese)

- Windows 10 da riga di comando Part III:
  Guida rapida alla command-line di
  Windows

Riccardo vorrebbe sapere le tue esperienze con questo libro (Il buono, il brutto e il cattivo).
Puoi scrivergli a: windows11guidapratica@gmail.com

www.ingramcontent.com/pod-product-compliance
Lightning Source LLC
Chambersburg PA
CBHW071357210526
45465CB00001B/128